Comment les enfants nous aident à grandir

Plus humains et plus créatifs, ensemble

LE LABEL YLIGA

C'est une initiative portée par plusieurs maisons d'édition, qui souhaitent faire de ce label une marque de fabrique et de traçabilité d'ouvrages édités de façon la plus respectueuse possible de l'environnement.

On ne peut pas vous promettre le « zéro déchet » ou le « zéro pollution » mais on vous propose des ouvrages plus éco-responsables. Une nouvelle manière de lire le monde grâce à nous tous, éditeurs, auteurs, imprimeurs, distributeurs, libraires, lecteurs.

Parce que le livre doit servir la planète sans l'abîmer !

- Des livres qui traitent d'environnement, de bien-être, de « bien-manger », de conscience écologique, sociale et politique, des livres pour les adultes et pour les enfants, des livres qui donnent du sens en plaçant notre planète au cœur de notre quotidien, de notre réflexion.
- **Moins de papier :** des formats d'ouvrage choisis pour leur très faible gâche de matière.
- **Un papier certifié** aux normes environnementales FSC et PEFC (des écolabels garantissant une gestion durable des forêts).
- **Moins de produits chimiques :** utilisation d'encres végétales, absence de vernis et de pelliculage issu de la pétrochimie.
- **Pas de couverture cartonnée ni de film plastique** protégeant les ouvrages.
- **Impression simultanée** des couvertures d'ouvrages de même format.
- **Impression en France** à moins de 500 km de nos entrepôts. Pas d'impression en Asie, pas de transport aérien.
- **Des process repensés :** suppression des tirages papier pour contrôler les étapes de fabrication avec le photograveur et l'imprimeur, facturation 100 % numérique, diminution des services de presse papier, une communication essentiellement numérique.

* Yliga, pourquoi ce nom ? C'est le nom, en langue moré, d'un arbre aux vertus médicinales qui vit entre le Sahara et l'Afrique tropicale et qui, comme d'autres essences, a su s'épanouir dans des conditions environnementales difficiles. Il est, pour nous, un symbole de l'adaptation nécessaire et possible, de même qu'un exemple d'exploitation vertueuse des ressources naturelles.

YLIGA - ÉCO-RESPONSABLE -

Sébastien Henry

Avec la collaboration d'Anne Ducrocq

Comment les enfants nous aident à grandir

Plus humains et plus créatifs, ensemble

Éditions
de La Martinière

Département éditorial Art de vie

ISBN : 978-2-7324-9796-9

À mes enfants, qui m'ont déjà tellement aidé à grandir

À leur maman, engagée à leurs côtés avec tant de cœur

À mes parents, qui ont dédié à leurs enfants leurs années de jeunesse

Aux institutrices de La Forêt des Lucioles, qui m'émerveillent souvent

À tous les parents et enseignants qui font de leur mieux, jour après jour

SOMMAIRE

Chapitre 1 : Redonner du souffle à notre joie 19

Laisser exister les joies infimes 23

En pratique : Ces moments de joie à portée de regard 26

Transformer un moment de crise en moment de connexion 27

En pratique : Un jeu transformateur 28

Savourer davantage nos moments de joie 29

En pratique : L'art de savourer un compliment 32

Identifier ce qui pèse sur notre joie au quotidien 33

En pratique : Ce qui comprime votre joie 34

Manifester pleinement notre joie 35

Expérience : La joie des retrouvailles 37

Chapitre 2 : Revigorer notre curiosité 39

Ces questions qui enrichissent notre vie 42

La ténacité de l'enfant qui veut comprendre 44

En pratique : Ces questions essentielles sur lesquelles exercer votre curiosité 46

La curiosité : une qualité vivifiante plus qu'un vilain défaut ! 46
Récupérer une partie de sa curiosité d'enfant 47
Une curiosité bien placée 48
Notre propre curiosité au service de l'enfant 51
Vive l'investigation curieuse ! 52
En pratique : Un quart d'heure d'investigation curieuse 53
Partir marcher avec une question en poche 55
Des temps de solitude choisie dans des lieux sacrés 56
En pratique : Une question essentielle sous les (belles) étoiles 58

Chapitre 3 : Gagner en authenticité et en justesse 59

Donner plus de justesse à nos paroles et à nos actes 63
Expérience : Le jeu des 7 différences 65
En chemin vers une « parole impeccable » ? 66
Le défi de la congruence 67
Une écoute intérieure attentive comme clef de la congruence 70
L'exemple de la jalousie 72
Le champ des promesses comme terrain d'exercice 73
En pratique : Les quelques minutes qui précèdent une promesse 74

Chapitre 4 : Trouver des instants de paix profonde au cœur du chaos 77

Des micro-doses de solitude pour renforcer notre paix intérieure 81
La solitude choisie et la nature comme alliées 83

Un jeu, pas un combat 84
En pratique : Partir en voyage dans la pièce à côté 85
Les occasions multiples de notre vie quotidienne 86
En pratique : Les tâches domestiques comme occasions d'apaisement intérieur 87
Une autre manière d'être en lien avec nos enfants 89
En pratique : La méditation du jeu avec un enfant 90
En pratique : À l'unisson avec la respiration d'un enfant qui dort 91

Chapitre 5 : Puiser dans nos réserves de tendresse 93

« Vivre sans tendresse, non, on ne le pourrait pas ! » 96
Manifester davantage notre tendresse au quotidien 98
Les ressorts de notre tendresse 98
Mobiliser nos réserves de tendresse 99
En pratique : Une dose de tendresse inattendue 100
Cette tendresse toujours possible au cœur de la colère 100
En pratique : Insuffler de la tendresse dans un moment de crise 103
Se préparer à la manière d'un sportif 102
En pratique : Rassembler par avance la tendresse dont vous êtes capables 107
Étendre notre tendresse au-delà du cercle de nos enfants 104
En pratique : Les modes d'expression de votre tendresse 107
L'enfant caché dans une personne qui paraît hostile 108
Expérience : Retrouver le visage de l'enfant chez un adulte 109

Chapitre 6 : Cultiver de nouvelles formes d'amour 111

Entre amour possessif et amour sans conditions 117

Expérience : Le revers de l'amour possessif 118

Monter et descendre l'échelle tout en explorant les échelons intermédiaires 120

En pratique : Où vous situez-vous sur l'échelle de l'amour ? 121

Cultiver l'amitié envers nos enfants 122

Expérience : Une pincée d'amitié 124

Nous laisser « déposséder » de nos enfants 125

Expérience : Une petite âme venue de loin 128

Un regard enrichi sur nos relations essentielles 129

Quand deux libertés s'inclinent l'une devant l'autre 130

En pratique : Quelques pas de plus sur votre chemin 131

Un amour surhumain ? 134

Chapitre 7 : Prévenir et transformer notre violence 135

Face à la « violence éducative ordinaire » 139

En pratique : Ces mots et gestes violents 141

Cette violence présente en chacun de nous 142

Faire la paix avec soi-même 145

Accueillir notre ombre comme notre lumière 146

En pratique : Cultiver l'espoir après un épisode de violence 146

Prévenir et transformer notre violence 148

Être attentif aux premières alertes 149

En pratique : Les signaux d'une éruption imminente 151

Apprendre à demander de l'aide 151

Réflexion : Dépasser votre réticence à demander de l'aide 152

Quand notre violence se transforme 153

En pratique : Un geste pour ranimer votre capacité à aimer au cœur d'une crise 155

Chapitre 8 : Gagner en sérénité en acceptant nos limites 157

Une influence plus limitée que nous aimons le croire ? 162

Vers une acceptation apaisante de nos limites 163

Ces lois que nous ignorons parfois 165

En pratique : Accueillir vos limites en tant que parent 167

Une hypothèse qui peut changer notre regard 169

En pratique : Au chevet de cette « petite âme qui vient de loin » 170

Clarifier l'héritage que nous voulons laisser 171

Une question qui vaut le détour 174

En pratique : Ce que vous voulez le plus transmettre 175

Le défi d'incarner nos valeurs essentielles 175

Un défi à aborder avec bienveillance envers nous-mêmes 179

En pratique : Un héritage en cours de transmission 180

Chapitre 9 : Vivifier notre créativité 181

Le jeu comme voie royale pour cultiver notre créativité 185

Quand les bûches trempées s'enflamment 186

« Sanctuariser » des temps dédiés au jeu 189

En pratique : Des moments précieux à protéger 191

En pratique : Un moment de crise comme occasion de réveil créatif 193

Se transformer en « compagnons de jeu » 194

En pratique : Ce jeu si précieux de votre enfance 195

En pratique : Réveiller votre volcan créatif par petites touches 197
Accueillir nos blocages 199
Pour aller plus loin : Invitation à l'aventure 200

Conclusion : À la recherche de notre juste place dans le monde 203

Annexe : 20 livres qui m'ont aidé à grandir au contact de mes enfants 211

Remerciements 221

INTRODUCTION

Ce livre est une célébration de presque dix ans d'aventure dans mon rôle de père. Sacrée aventure, aventure sacrée. Parmi les différents rôles que j'assume dans la vie, celui de papa est le plus exaltant mais aussi le plus difficile.

Comme beaucoup d'autres parents avec qui j'ai échangé, j'ai senti dès les premiers mois que cette expérience serait transformatrice.

Une question est au cœur de cet ouvrage : saisissons-nous vraiment toutes les occasions offertes par nos enfants de nous transformer et de grandir en humanité ?

J'ai compris assez tôt que la réponse serait négative dans mon cas si je ne prenais pas la décision de les saisir avec plus de constance et de détermination. Il y a tellement à faire dans la vie quotidienne, et le temps passe tellement vite !

Je voulais au contraire profiter de toutes les occasions qui se présenteraient pour continuer à grandir avec eux, grâce à eux.

Je ressentais une frustration croissante à la lecture de tous les ouvrages consultés pour m'éclairer dans ma mission de parent. La quasi-totalité d'entre eux apportait des techniques et des conseils pour élever ses enfants, mais négligeait entièrement une autre question au moins aussi importante : comment s'élever soi-même au contact des enfants ? De plus, la dimension spirituelle était la plupart du temps absente de ces ouvrages.

Or, sans me rattacher à une religion particulière, je suis convaincu par mes vingt ans de recherches dans le monde de la sagesse que se trouve dans les traditions spirituelles une finesse de regard qui contribue à donner encore plus de saveur et de sens à notre vie.

J'ai alors entamé un travail d'exploration au cœur du quotidien auprès de mes enfants, mais aussi de ceux que j'ai accompagnés en forêt pendant plusieurs années, et de l'école que j'ai créée. Avec toujours ces questions en tête :

Qu'ai-je à apprendre d'eux ?

Comment peuvent-ils m'aider à grandir ?

Outre un travail de réflexion profonde sur ma propre expérience, je me suis aussi mis en quête de deux types d'ouvrages :

- ceux de grands pédagogues, notamment à caractère biographique, afin de comprendre si et comment ils avaient répondu personnellement à ces questions ;
- ceux de grandes figures du monde de la sagesse qui s'étaient intéressés à l'éducation des enfants.

Malheureusement, de tels livres ne sont pas aussi nombreux que je l'aurais souhaité, et sont même plutôt rares. Beaucoup de pédagogues se préoccupent avant tout de concevoir des systèmes cohérents pour élever les enfants sans s'attarder sur leur propre « élévation ». Quant aux maîtres de sagesse reconnus, notamment ceux qui m'ont inspiré depuis près de vingt ans, ils avaient fait pour la plupart le choix de ne pas avoir d'enfants (pas fous, les sages !) et abordent rarement les relations avec les enfants.

J'ai tout de même déniché une belle collection de pépites que je serai heureux de partager avec vous dans ce livre. J'ai aussi préparé en annexe une liste des ouvrages qui m'ont le plus aidé à grandir en tant que parent, afin que vous puissiez à votre tour vous y plonger si vous le souhaitez.

Les chapitres de ce livre peuvent se lire de manière indépendante, en fonction des thèmes qui vous attirent le plus, même si je me suis bien sûr attaché à ce qu'ils forment à la fois une progression et un ensemble cohérent.

Vous aurez compris que je ne me présente pas comme un maître ou un exemple, mais comme un explorateur qui a voyagé pendant des années avec une question essentielle. Je forme le vœu que la lecture vous donne envie d'embarquer avec vos enfants pour cette belle odyssée et d'approfondir votre propre expérience.

Les développements de chaque chapitre apporteront des réponses tout autant qu'ils susciteront de nouvelles interrogations. On oublie trop souvent la fertilité de certaines questions, notamment des questions auxquelles nous ne pouvons trouver de réponse immédiate. Pourtant, elles sont précieuses, et le seul fait de se les poser est déjà un grand pas. Il est important de les laisser vivre en nous, en les présentant de façon régulière à notre conscience et en leur laissant du temps et de l'espace.

J'espère que vous prendrez autant de plaisir à lire ce livre que celui que j'ai trouvé en l'écrivant.

Il se peut que votre lecture soit parfois interrompue par les cris, les rires ou les pleurs de vos enfants, ou de ceux dont vous avez la responsabilité…

Alors, tendez l'oreille, ouvrez grands vos yeux et votre cœur, observez : peut-être une occasion de grandir en humanité est-elle en train de se présenter ?

N'hésitez pas alors à poser ce livre pour aller la cueillir.

Ensuite, l'aventure continuera, jour après jour, et je souhaite que cet ouvrage soit pour vous un compagnon de route.

Chaleureusement,

Sébastien Henry,
février 2022

CHAPITRE 1

REDONNER DU SOUFFLE À NOTRE JOIE

Les feux d'artifice, j'en avais vu un certain nombre dans ma vie. Je les trouvais beaux, sans plus. Rien d'exceptionnel, à vrai dire.

Jusqu'au jour où j'ai assisté à un feu d'artifice en posant mon attention sur le regard de mes enfants, alors âgés de quatre et six ans. Ce soir-là, j'ai passé plus de temps à contempler leur visage que le spectacle lui-même !

Leur émerveillement et leur joie m'ont touché en profondeur. Je me suis rendu compte que j'avais perdu cette capacité. Depuis, je me suis mis en chemin pour la retrouver…

Les enfants, c'est bien connu, seraient joyeux par nature. Ils seraient en possession d'une joie spontanée, prédisposition qui se perdrait avec l'âge.

Mais est-ce bien vrai ?

Les enfants sont-ils réellement plus joyeux que les adultes ? N'y a-t-il pas des enfants plutôt râleurs, et d'autres plus marqués par la tristesse, tandis que certains semblent rayonner de joie ?

Les « degrés » de joie sont difficiles à comparer, mais vivre au contact d'enfants permet tout de même de faire quelques observations :

- Ils semblent vivre plus de moments de joie, même si ces moments sont parfois fugaces et aussitôt suivis d'émotions contraires.
- Ces moments de joie sont souvent provoqués par des événements qui paraissent assez insignifiants. Une « insignifiance » qui d'ailleurs nous amuse et nous touche : les enfants savent décidément s'émerveiller d'un rien !
- Leur façon d'exprimer leur joie tranche avec celle des adultes : elle est plus visible, plus manifeste, tout simplement plus vibrante. Un enfant traversé par la joie court, saute, crie, ou embrasse avec fougue…

Ces caractéristiques de la joie chez les enfants sont riches d'enseignements.

Et si nous devenions capables de vivre plus de moments de joie ? En étant par exemple attentifs à ressentir nos éclats de joie, mêmes quand nous les jugeons infimes ou injustifiés.

Et si, surtout, nous faisions l'expérience de les savourer pleinement, puis de manifester notre joie de façon plus vivante, en nous inspirant de l'exemple des enfants ?

LAISSER EXISTER LES JOIES INFIMES

Certains auteurs nous invitent à retrouver la joie de nos plus jeunes années. Pour certains d'entre nous, toutefois, l'enfance n'a été ni heureuse ni joyeuse.

Quelle que soit l'impression que celle-ci nous a laissée, nous pouvons tout de même explorer notre mémoire pour identifier quelques moments de joie que nous avons perdus par la suite.

Lorsque j'habitais en Asie, je prenais l'avion quasiment toutes les semaines, et le décollage n'avait plus rien d'un événement, et encore moins d'une fête. Mes voisins de siège avaient le même visage que moi : blasé, sans expression. Le mélange de peur, d'excitation et de joie ressenti lors de mes premiers vols s'était évanoui.

Dans mon cas, ces sensations intenses ont soudain fait leur réapparition le jour où j'ai pris l'avion avec mes enfants. J'ai pu de nouveau pleinement goûter l'ivresse du décollage – ce moment extraordinaire où cette masse de métal de 100 000 kilos atteint la vitesse de 300 kilomètres par heure et quitte le sol. Savourer aussi ce moment où l'avion franchit le plafond de nuages et où le regard se pose sur une mer blanche, baignée par le soleil, alors qu'il pouvait pleuvoir sur la terre quelques minutes auparavant.

Il existe peut-être en vous quantité d'autres moments de joie qui se sont émoussés. La présence d'enfants autour de vous peut vous aider à les réanimer, et à poser un nouveau regard sur votre quotidien.

Voici par exemple quelques joies que j'ai (re)découvertes ces dernières années grâce à mes enfants, notamment avec ma fille Alma, passionnée de nature :

– sauter dans une flaque (avec sa version motorisée : rouler dans une grosse flaque en voiture et savourer le son de l'éclaboussure !) ;
– trouver un champignon dans la forêt, en particulier une amanite tue-mouches ;
– repérer des stalactites accrochées à un toit et décrocher la plus grosse (avant que les enfants ne se disputent pour l'obtenir) ;
– partir en roulé-boulé dans une pente d'herbe ou dans la neige ;
– et contempler un feu d'artifice, bien sûr.

Dans son livre *L'École de la liberté*[1], Daniel Greenberg, l'un des fondateurs de l'école Sudbury Valley School, aux États-Unis, mentionne un autre exemple. Un membre de l'équipe pédagogique a vécu un moment de joie en suivant l'invitation de l'une de ses élèves à grimper elle-même dans un arbre. Alors qu'elle avait aidé de nombreux enfants à monter, elle n'avait plus fait cette expérience depuis son enfance, et voici son témoignage :

1. Daniel Greenberg, *L'École de la liberté* (Mama Éditions, 2017).

« Arrivée au premier niveau, j'ai été frappée par la beauté de ce perchoir. Je ne saurais décrire les branches majestueuses, l'espace douillet, ou les sentiments de respect et d'admiration qui m'ont envahie. […] Je comprenais que je "voyais" l'arbre pour la première fois. »

Ce sont de toutes petites choses ? C'est vrai, mais elles peuvent procurer une véritable joie et venir colorer notre journée – et même notre vie.

Je me souviens d'un moment particulièrement fort au cours d'une expérience d'accompagnement de personnes en fin de vie dans le cadre d'un engagement associatif : alors que je rendais visite à un homme qui vivait la phase terminale de sa maladie, notre conversation a porté sur les plus beaux moments de sa vie. Il s'est souvenu avec émotion du jour où il avait pêché une truite magnifique dans une rivière. Je ne pratique pas la pêche, mais j'ai été touché par la joie que dégageait ce souvenir : c'était une joie simple, mais elle suffisait pour illuminer son visage !

Nous pouvons progresser dans notre capacité à célébrer les joies de l'existence.

L'évolution de l'être humain ne semble pas tout à fait terminée : parti du singe, celui-ci est parvenu au fil des millénaires à se mettre en position verticale, mais il lui reste à apprendre à lever les bras ! C'est-à-dire à développer sa capacité de célébration, à cultiver un regard sur la vie qui célèbre et remercie davantage[1].

1. J'emprunte l'idée que l'évolution de l'être humain n'est pas terminée et qu'il lui reste à « apprendre à lever les bras » à Jean-Yves Leloup. Sur son

Quels sont de votre côté les moments de joie que vous avez tendance à négliger dans votre vie et que vous pourriez réintroduire avec un peu d'attention au présent ?

EN PRATIQUE...

Ces moments de joie à portée de regard

Il suffit parfois de changer de regard, ne serait-ce que quelques secondes, pour découvrir une source de joie dans un événement ou une activité de notre vie quotidienne que nous trouvons sans grand intérêt.

Prenez cinq ou dix minutes pour faire une petite liste de ces sources de joie potentielles.

Si vous êtes à court d'inspiration, pensez à ce qui met en joie les enfants et demandez-vous si cela ne pourrait pas être aussi une source de joie pour vous.

Pour vous aider, je vous propose l'écoute de la chanson *Comment voulez-vous que je m'ennuie ?*, d'Alain Schneider, l'auteur de chansons pour enfants que je préfère, en raison de la qualité de ses textes et de son éclectisme musical. Je le qualifierais d'ailleurs plutôt de chanteur pour adultes qui auraient besoin d'une dose d'enfance !

---

invitation à cultiver un regard « philocalique » (qui voit la beauté, célèbre et remercie), voir *Vers une écologie intégrale* (Entremises, 2021). J'évoquerai son travail plus en détail dans le chapitre 6.

TRANSFORMER UN MOMENT DE CRISE EN MOMENT DE CONNEXION

Parmi les occasions de joie que les enfants nous aident à repérer, certaines se présentent bien masquées. C'est le cas des nombreux moments où ils viennent tester les limites que nous avons posées. Ils se braquent, nous nous braquons, et l'atmosphère tourne à la crise !

Lawrence Cohen, psychologue et auteur de *Qui veut jouer avec moi ?*[1], m'a convaincu que même ces moments de confrontation pouvaient être des occasions de créer de la joie. Le chemin qu'il propose paraît improbable : sortir de l'affrontement par le jeu.

Je me souviens par exemple de la période pendant laquelle mon fils, alors âgé de trois ans, tentait régulièrement de venir prendre du chocolat. Rappel quotidien de la règle (« on ne se sert pas tout seul »), crise, hurlements.

Avec l'inspiration du livre de Lawrence Cohen, j'ai alors imaginé le jeu du voleur de chocolat : si je le surprenais en train de se servir, je sonnais l'alerte en prétendant représenter la police. Un voleur de chocolat venait de sévir et la police se lançait à ses trousses. Suivait alors une course-poursuite dans l'appartement. Ces courses-poursuites restent dans ma mémoire comme de formidables moments de connexion avec mon fils.

1. Lawrence Cohen, *Qui veut jouer avec moi ? Jouer pour mieux communiquer avec nos enfants* (JC Lattès, 2013). Voir le chapitre 9 pour plus de détails sur son approche.

Aujourd'hui âgé de huit ans, ce dernier ne mange qu'occasionnellement du chocolat, toujours après en avoir fait la demande. À travers le jeu, la règle a été maintes fois rappelée, mais sans tensions ni crises.

Convertir ainsi un moment de tension en un moment de connexion et de joie partagée exige une certaine créativité et une disponibilité intérieure dont nous ne sommes pas toujours capables. Mais quel bonheur quand nous y parvenons !

EN PRATIQUE…

Un jeu transformateur

Identifiez une source de tensions récurrentes avec l'un de vos enfants (pour les plus jeunes : l'habillage, le brossage des dents, le rangement de la chambre, par exemple).

Quel jeu pourriez-vous imaginer pour faire de cette situation une occasion de connexion joyeuse avec votre enfant ?

Il est probable que vous ne trouviez pas la clef de l'énigme immédiatement ! N'hésitez pas à vous reposer plusieurs fois la question, notamment dans un moment où vous vous sentez créatif·ve.

Pour trouver de l'inspiration avec plus d'exemples, n'hésitez pas à consulter le livre de Lawrence Cohen.

SAVOURER DAVANTAGE NOS MOMENTS DE JOIE

Repérer les joies devenues infimes est une première étape nécessaire à laquelle nous invite l'observation des enfants. Ressentir ces joies plus intensément en est une seconde.

Si les enfants plongent entièrement dans les émotions qui les traversent, au risque d'être emportés par elles, les adultes – et moi parmi eux – ne laissent souvent celles-ci qu'effleurer la surface de leur être.

Nous tentons de mettre à distance les émotions désagréables, ce qui nous fait souvent perdre la teneur du message dont elles sont porteuses. Quant aux émotions agréables, elles sont souvent diluées. Notre joie est éphémère, vite gâchée par les soucis de l'avenir ou les regrets du passé. Nous ne faisons qu'apercevoir la joie, comme un paysage magnifique entrevu quelques instants seulement depuis une voiture roulant à grande vitesse. Dans la vie comme au volant, nous conduisons souvent sans nous arrêter, l'attention partagée entre la route devant nous et le rétroviseur.

Si nous ne posons pas notre attention sur toutes les beautés de la vie, avec la volonté de les ressentir pleinement, ces petits moments de joie ou d'émerveillement disparaissent rapidement de notre conscience et s'évanouissent à jamais.

La pratique de la méditation de pleine conscience est ici une ressource précieuse. Certes, en apparence, les enfants peuvent difficilement passer pour des maîtres de méditation : ne sont-ils pas en perpétuelle agitation, traversés par toutes sortes d'émotions ?

Mais l'esprit de la méditation de pleine conscience ne consiste pas à devenir un ascète immobile, imperméable aux émotions. Il s'agit plutôt d'accueillir avec la plus grande attention possible tout ce qui se présente à la conscience, y compris les émotions.

J'aime par exemple voir mes enfants manger une mangue. Ils commencent par transformer chaque moitié de mangue en « hérisson » (la chair est découpée en quadrillage puis la peau est retournée). Leur regard et leur posture indiquent ensuite qu'ils sont totalement présents à la joie de manger leur fruit, un morceau après l'autre. Rien d'autre ne compte pour eux. Ils sont de fait en train de manger leur mangue en pleine conscience. Quant à nous, ne nous arrive-t-il pas de manger une mangue en deux minutes en pensant avant tout aux factures encore à payer, aux coups de téléphone à passer ou au prochain repas à préparer ?

Nous pouvons heureusement récupérer une partie de notre capacité d'attention au moment présent en nous entraînant à la pratique informelle de la méditation : il s'agit de déployer dans nos activités du quotidien la même qualité de présence à l'instant que celle qui se cultive dans la méditation formelle (en posture assise, dans le silence et la solitude). Boire un bol de thé ou prendre une douche en étant « vraiment là », concentrés sur nos sensations, sont des expériences qui procurent une profonde joie[1].

De même qu'il y a des mangues que nous ne mangeons pas vraiment, il y a des moments de réussite que nous ne célébrons pas vraiment, parce que nous pensons aussitôt aux autres domaines dans lesquels nous ne réussissons pas.

Il y a de bons moments en famille que nous ne savourons pas, car notre attention se porte trop vite sur tout ce qui n'est pas encore assez bien à nos yeux.

Il y a des compliments reçus que nous n'accueillons pas, parce que tant d'autres aspects de nous-mêmes ne nous plaisent pas.

Chaque petite joie ainsi perdue est une occasion gâchée de colorer la journée. Une touche de lumière a toujours son importance – surtout quand le tableau est sombre autour de nous !

Je vous propose à ce sujet une petite expérience.

---

1. Sur l'expérience de la pleine conscience au quotidien, voir le magnifique livre *Vivre en pleine conscience* (Pocket, 2021) du maître zen vietnamien Thich Nhat Hanh. Dans le même esprit, voir également *Vraiment là*, de Laurence Simenot (Gawsewitch Jean-Claude, 2005). Pour plus d'informations sur la pratique informelle de la méditation, voir aussi le chapitre 4.

En pratique...

L'art de savourer un compliment

Parmi les possibles petites joies du quotidien, il y a les compliments que l'on nous fait... Trop rares, certainement, ce qui en fait une bonne raison pour apprendre à les savourer !

Pensez à un petit éloge reçu récemment. Puis à ce qui s'est passé dans les secondes et les minutes qui ont suivi ce compliment.

Peut-être un dialogue intérieur s'est-il enclenché, avec pour effet de lui enlever de sa pertinence : « Il/Elle a dit cela pour me faire plaisir », « Il/Elle ne me connaît pas vraiment, et ne voit pas tout ce qui ne va pas en moi », etc.

Désormais, lorsque vous recevrez un compliment, tentez de faire l'expérience de porter votre attention – toute votre attention – sur la sensation que cela vous procure, en mettant à distance tout dialogue intérieur. Concrètement, chaque fois que vous vous apercevrez que votre attention est embarquée par une pensée, reposez-la sur la sensation corporelle présente en vous (un peu de chaleur, une touche de fierté, une sensation de bien-être ?).

Savourez ce compliment comme vous savoureriez un mets délicat !

IDENTIFIER CE QUI PÈSE SUR NOTRE JOIE AU QUOTIDIEN

Plus largement, passer du temps au contact des enfants, avec les nombreux moments de joie qu'ils vivent, amène à se poser une question : qu'est-ce qui pèse sur notre joie au quotidien ?

Dans mon propre cas, une réponse nette mais dérangeante est apparue il y a quelques années : ma joie était comprimée par le sens du devoir. Le devoir de partager la chance que j'avais eue à la fois de pouvoir faire des études qualifiées de « supérieures » et de croiser assez jeune le chemin de grandes figures du monde de la sagesse. Il était ainsi devenu impératif pour moi il y a dix ans de contribuer à construire un pont entre le monde de la sagesse et celui de l'entreprise. Je voyais en effet que ce dernier manquait souvent de sens et d'harmonie malgré la richesse que je pouvais aussi y trouver.

Je me suis immergé pendant une décennie dans cette mission qui me passionnait, auprès de dirigeants et de managers de nombreuses entreprises, en partageant notamment avec eux la pratique de la méditation de pleine conscience[1]. Je ne parvenais pas toutefois à manifester toute la joie à laquelle j'aspirais. Ce sont des engagements associatifs en

1. Ma contribution a aussi pris la forme de plusieurs livres, dont *Quand les décideurs s'inspirent des moines* (Dunod, 2012) et *Ces décideurs qui méditent et s'engagent* (Dunod, 2014).

parallèle auprès de personnes en marge de la société qui ont fini par révéler la dimension qui me manquait : aux côtés de personnes en fin de vie, de jeunes migrants et d'enfants, qui ont en commun d'être relégués très loin du quotidien en entreprise, je me sentais beaucoup plus vivant. En entreprise, au contraire, l'expression des émotions, des aspirations profondes et des mouvements de l'âme est extrêmement rare : chacun protège son intériorité par peur d'être jugé ou blessé. C'était pourtant cela que je recherchais le plus, et qui me mettait le plus en joie.

J'ai dès lors appris à mettre à juste distance mon sens du devoir, sans abandonner tout à fait l'idée de construire un pont entre le monde de la sagesse et le monde des affaires, mais en consacrant beaucoup plus de temps et d'énergie aux personnes en marge de notre société et aux enfants. La cérémonie d'ouverture de l'école La Forêt des Lucioles le 31 août 2019 fut ainsi l'un des moments les plus joyeux et émouvants de ma vie après la naissance de mes enfants.

Et vous ? Qu'est-ce qui pèse sur votre joie au quotidien ?

En pratique...

Ce qui comprime votre joie

Prenez un temps d'écriture de quinze minutes environ pour répondre à la question : « Qu'est-ce qui pèse sur ma joie au quotidien ? » Si l'écriture est un exercice inconfortable pour vous, vous pouvez aussi enregistrer vos réponses à voix haute sur votre téléphone.

Dans les deux cas, l'idée est de ne pas s'arrêter afin de ne pas laisser à votre mental l'occasion de se lancer dans des argumentations compliquées. Écrivez ou parlez sans interruption, sans chercher à analyser ce qui fait sens, en vous laissant porter par le flot des idées... À la fin des quinze minutes, faites un petit point pour observer ce que vous avez récolté et visez à en extraire une « pépite », c'est-à-dire une prise de conscience que vous pourriez exprimer en quelques mots.

Si rien ne vient, ce n'est peut-être pas le bon moment. Vous pourrez toujours reprendre l'expérience plus tard. Ne vous découragez surtout pas : souvent, les questions les plus essentielles de notre vie ne trouvent pas de réponse immédiate. Elles méritent d'être proposées à de multiples reprises à notre attention[1].

MANIFESTER PLEINEMENT NOTRE JOIE

Les enfants nous apportent une autre forme d'inspiration à travers leur manière d'exprimer la joie.

1. Pour aller plus loin sur cette question, je recommande le livre de Nicolas Métro, *Qu'est-ce qui te ferait danser de joie ?* (Eyrolles, 2014). Pour une approche plus philosophique de ce qui comprime notre joie, et des façons de la libérer au quotidien, voir le livre de Martin Steffens, *Petit traité de la joie* (Marabout, 2019).

Un enfant en joie saute, chante, hurle, gesticule, ou bien encore danse. Cela nous fait sourire quand nous les observons. Souvent nous trouvons cela émouvant.

Qu'est-ce qui nous touche au juste ? Quelle partie de nous est touchée ?

Et si c'était précisément cette partie de nous-mêmes qui aspire à manifester la joie de manière *plus vivante* ?

Peu d'adultes parviennent à manifester leur joie de manière si expansive. Bien sûr, il y a les sportifs et leurs fans (quand les premiers gagnent uniquement !), ou encore les acteurs dans certaines scènes. Un petit film publicitaire m'avait à ce sujet marqué lorsque j'étais étudiant : dans ce clip pour des vacances à la montagne, un homme fou de joie descendait les escaliers du métro parisien comme s'il était chaussé de skis, tenant une baguette dans chaque main en guise de bâtons. Je me rappelle m'être dit que j'adorerais trouver la liberté intérieure de faire cela un jour. Grâce à mes enfants, j'ai pu enfin la trouver !

Là où les enfants osent, la plupart d'entre nous n'expriment qu'une petite partie de la joie ressentie. Il y a là comme un territoire perdu à reconquérir, une expérience à insuffler de nouveau dans nos vies.

Une autre expérience vécue avec mes enfants a été une magnifique leçon dans ce domaine : quand ils étaient âgés de quelques années, ils faisaient la fête lorsque je rentrais d'un déplacement professionnel. Mon fils allait prendre un petit orgue électronique qu'il mettait en mode automatique et tous les deux se mettaient à danser. Au début, je les observais, attendri, avant de les prendre dans mes bras à la fin de leur danse.

Puis, un jour, j'ai décidé de les rejoindre pour tenter moi aussi d'exprimer ma joie. Pas si facile de lâcher la voix critique en moi qui me répétait que j'avais passé l'âge… mais quel bonheur quand je plongeais dans l'expérience !

Tout cela peut paraître bien futile, mais notre appréciation de la futilité dépend en fait du point de vue où nous nous plaçons. Réapprendre à manifester pleinement notre joie est une source de profond bien-être. Comme si une partie éteinte de nous-mêmes, étouffée par les conventions ou les conditionnements, se ranimait.

Comment nous livrer à de telles expériences dans le monde des adultes ? Nous serions vite placés dans la catégorie des doux dingues. Mais ne deviendrions-nous pas plutôt des personnes qui rayonnent et font du bien aux autres par la liberté intérieure qu'elles incarnent ? Ne serions-nous pas en bonne compagnie aux côtés des enfants ?

EXPÉRIENCE…

La joie des retrouvailles

Des retrouvailles avec des personnes que nous aimons et n'avons pas vues depuis longtemps sont de bonnes occasions de s'entraîner à manifester notre joie avec plus de liberté intérieure.

Pensez ainsi à une personne que vous allez bientôt revoir.

Avez-vous tendance à vous comporter « normalement » en pareille occasion ?

Comment aimeriez-vous manifester votre joie si vous pouviez compter sur toute votre liberté intérieure, à l'image des enfants ?

Quelques pas de danse, un cri de joie, une chanson ? Tout est possible !

Imaginez la scène sans vous laisser limiter par les convenances, jusqu'à ce que votre joie soit vibrante. Le jour des retrouvailles, sans rien décider pour autant à l'avance, posez juste l'intention de laisser le plus possible d'espace à cette joie et laissez-la guider vos mouvements et vos paroles.

CHAPITRE 2

REVIGORER NOTRE CURIOSITÉ

– Pourquoi il y a des gens très riches et des gens très pauvres ?

– Les églises, à quoi ça sert ?

– Pourquoi on meurt ?

– Pourquoi on doit aller à l'école ?

– Pourquoi on doit rester dans notre chambre jusqu'à 7 h 30 le matin ?

Les enfants ont une capacité à questionner qui étonne ou fait rire. Et parfois aussi nous rend perplexes, quand ils posent une question délicate à un moment où nous n'avons pas le temps de répondre (ou l'envie d'en prendre le temps).

Quelle que soit sa manière d'appréhender ces questions, l'adulte a perdu une grande partie de cette capacité à questionner propre aux enfants. Comment d'ailleurs pourrions-nous fonctionner au quotidien et assumer nos multiples responsabilités si nous nous interrogions sans cesse ?

La charge mentale serait trop élevée pour nos cerveaux déjà bien occupés !

De façon objective, ne pas se poser trop de questions simplifie la vie. Mais cela peut aussi l'appauvrir, ou du moins empêcher de l'enrichir.

CES QUESTIONS QUI ENRICHISSENT NOTRE VIE

Certaines questions rendent notre vie plus belle, et enrichissent la vie de ceux qui nous entourent. Retrouver une partie de la curiosité que nous avions enfants peut être très précieux. C'est même une mission de la plus haute importance.

Nous sommes tentés de remettre certaines questions à plus tard, « quand les enfants seront grands », ou « quand nous serons à la retraite ». À ce sujet, l'éloignement progressif de l'âge de départ à la retraite a tout de même une belle vertu derrière son côté frustrant : il nous invite à nous poser dès maintenant ces questions sans attendre ces années de repos que nous n'atteindrons peut-être jamais !

Il y a des « pourquoi » essentiels, qui méritent notre plus grande attention, et notre plus vive curiosité :

- Pourquoi courons-nous du matin au soir, sans jamais prendre le temps de souffler ?
- Pourquoi avons-nous si peu de vrais amis ?
- Pourquoi connaissons-nous finalement si peu de moments de joie profonde ?

– Pourquoi continuons-nous d'exercer un métier qui ne nous épanouit plus ?

– Pourquoi habitons-nous toujours dans un appartement, une maison ou une ville qui fondamentalement ne nous plaît pas ?

– Pourquoi restons-nous dans une relation qui ne nous rend plus heureux depuis des années ?

À ces questions, il y a une réponse immédiate, toujours possible : « Parce que je n'ai pas le choix », complétée par : « Si vous croyez que c'est facile ! » Nous trouvons aussi parfois d'autres réponses qui nous paraissent convaincantes, comme celles-ci :

– Pourquoi est-ce que je cours du matin au soir, sans jamais prendre le temps de souffler ?

Parce que mon travail me prend trop de temps, et que j'ai envie aussi de faire d'autres choses à côté.

– Pourquoi ai-je si peu de vrais amis ?

Parce que les vrais amis se comptent sur les doigts d'une main.

– Pourquoi est-ce que je connais si peu de moments de joie profonde ?

Parce que la vie n'est si pas facile !

– Pourquoi est-ce que j'exerce tous les jours un métier qui ne me passionne pas vraiment ?

Parce que je n'ai pas pu faire les études que je voulais.

– Pourquoi est-ce que j'habite toujours dans un appartement, une maison ou une ville qui fondamentalement ne me plaît pas ?

Parce que déménager serait trop pesant, coûteux, déstabilisant...

– Pourquoi est-ce que je reste depuis des années dans une relation qui ne me rend plus heureux ?

Parce que cela serait compliqué de tout recommencer de zéro, et qu'une séparation est toujours douloureuse (et « il faut penser d'abord aux enfants », pour les couples de parents).

Autant de réponses que la curiosité d'un enfant viendrait facilement ébranler avec une série de « pourquoi ».

LA TÉNACITÉ DE L'ENFANT QUI VEUT COMPRENDRE

Il n'y a pas plus agaçant que les conseils qui appellent au changement en affirmant de façon péremptoire que « quand on veut, on peut ». Si toutes ces questions appelaient une réponse facile, cela se saurait.

Mais un « pourquoi » peut être vivifiant et aider à se remettre en mouvement en explorant de nouvelles réponses. Celles-ci prennent parfois un certain temps pour émerger. Il est alors possible de continuer à se poser régulièrement la même question, sans pression excessive.

Les questions les plus fertiles pour notre vie sont en fait les questions auxquelles il est difficile d'apporter une réponse rapide, claire et définitive. Raison de plus pour continuer à se les poser avec détermination. Avec la même ténacité qu'un enfant qui veut vraiment comprendre !

Considérons la question suivante : « Comment donner le plus de sens possible à ma vie ? » C'est probablement l'une des questions auxquelles il est le plus important de répondre. Et pourtant il est rare que nous la prenions à bras-le-corps. Elle paraît trop imposante, trop intimidante.

On peut choisir de l'aborder par petites touches, en la remettant régulièrement sur le métier, de la façon la plus ludique possible, comme on le ferait pour un grand puzzle de mille pièces.

Dans les traditions de sagesse, particulièrement dans le bouddhisme et l'hindouisme, les maîtres sont réputés pour leur capacité à poser encore et encore des questions essentielles aux personnes qui suivent leur enseignement. Arnaud Desjardins, grande figure de la spiritualité de la seconde partie du XXe siècle et qui a travaillé pendant plusieurs décennies auprès d'un sage indien, Swami Prajnanpad, a témoigné dans l'un de ses ouvrages[1] de l'insistance que mettait ce dernier à obtenir une réponse de sa part à la question : *« What do you want ? »* (« Qu'est-ce que vous voulez vraiment ? »)

---

1. Voir *À la recherche du Soi* d'Arnaud Desjardins sur son expérience du travail avec Swami Prajnanpad (Pocket, 2011). Pour un exemple plus contemporain, et qui ne s'inscrit pas dans une tradition de sagesse particulière, voir le travail proposé par Byron Katie, qui illustre le pouvoir transformateur des questions, par exemple dans son livre *Aimer ce qui est* (Synchronique, 2019).

Bien d'autres questions méritent une attention régulière, comme : « Qu'est-ce qu'il est temps d'oser aujourd'hui dans ma vie ? » ou « Qu'est-ce que je veux avoir le courage de faire – ou d'arrêter de faire ? » ou encore « Qu'est-ce que j'ai le plus envie de transmettre à mes enfants ? »

Mais le plus important, ce sont VOS questions. Je vous propose de les identifier.

EN PRATIQUE...

Ces questions essentielles sur lesquelles exercer votre curiosité

S'il y avait deux ou trois questions essentielles pour vous, à ce stade de votre vie, quelles seraient-elles ?

Une fois identifiées, ces questions peuvent devenir des « invitées » régulières dans votre vie. Vous pouvez ainsi choisir de vous les poser de temps à autre, en exerçant votre curiosité, à l'écoute des réponses qui émergeront (et parfois évolueront avec le temps).

LA CURIOSITÉ : UNE QUALITÉ VIVIFIANTE PLUS QU'UN VILAIN DÉFAUT !

La curiosité, quand elle porte sur les questions importantes de notre vie, est à vrai dire une bien belle qualité et non un vilain défaut.

L'enjeu est fort : retrouver une entière liberté de choix. Ce qui paraissait fermé s'ouvre peu à peu comme un éventail de possibles. Et la vie qui était compressée trouve un espace pour jaillir et reprendre de la vigueur.

Tout cela semble plus facile à dire qu'à faire ! Est-il vraiment possible de récupérer une partie de sa curiosité d'enfant ? Comment peut-on s'y prendre concrètement ?

RÉCUPÉRER UNE PARTIE DE SA CURIOSITÉ D'ENFANT

Il faut malheureusement se résoudre à avoir perdu à jamais une partie de notre curiosité d'enfant. Tellement de choses sont devenues si évidentes dans nos vies !

Il est tout de même possible de s'entraîner pour redonner du souffle à notre curiosité, en l'appliquant à ces questions essentielles que nous sommes plutôt enclins à laisser de côté tant elles paraissent imposantes.

Il s'agit d'aborder ce retour vers la curiosité comme un jeu, en veillant à préserver notre plaisir, sans en faire un casse-tête. Comme les labyrinthes ou les mots croisés des magazines qui n'ont d'autre objectif que de nous détendre. Sauf qu'il y a plus à gagner avec une interrogation profonde : en dénouant une question essentielle, nous devenons souvent plus vivants, plus joyeux.

Certaines personnes sont précieuses pour nous accompagner dans la résolution de ces énigmes personnelles. Les coaches et thérapeutes sont souvent d'insatiables curieux qui nous aident à affûter nos « pourquoi » et à écouter les réponses qui surviennent. Quelques amis choisis peuvent aussi y contribuer, mais encore faut-il se tourner vers ceux qui oseront nous parler avec la plus grande franchise, au risque de nous bousculer.

Une partie du chemin peut aussi se faire seul, en s'entraînant avec une question qui nous tient à cœur sans être trop déstabilisante, comme dans l'exemple ci-dessous.

UNE CURIOSITÉ BIEN PLACÉE

Voici un exemple tiré de mon expérience personnelle. Je suis depuis quelques années intrigué – et un peu triste – de ne pas avoir plus d'amis, de ceux avec qui il est possible de (presque) tout partager, au cours d'échanges riches en authenticité. La facilité avec laquelle ma fille noue des amitiés m'a surpris, et la découverte d'entretiens avec Georges Brassens, qui donnait à l'amitié une place centrale dans sa vie, a contribué à créer en moi un mouvement intérieur[1].

La question « Pourquoi au juste n'ai-je pas plus de vrais amis ? » s'est ainsi imposée à moi avec de plus en plus de force au fil des années.

Ma réponse immédiate à ce premier « pourquoi » fut de constater qu'il semblait en être de même pour beaucoup

1. Voir le recueil de textes *Brassens par Brassens* (Le Cherche Midi, 2005), ainsi que les entretiens de Brassens avec André Sève, *Brassens, toute une vie pour la chanson* (Le Centurion, 1975).

d'entre nous. Les vrais amis – c'est bien connu – « se comptent sur les doigts d'une main ».

– Mais pourquoi au juste devrait-il en être ainsi ? Pourquoi n'y aurait-il pas plus de personnes avec qui il serait possible de nouer une amitié véritable ?

Parce que bâtir une amitié demande beaucoup de temps et une bonne dose d'attention.

– Pourquoi, alors, ne pas avoir fourni ce temps et cet effort ?

Parce que cela n'a pas été une haute priorité dans ma vie jusqu'à présent.

– Pourquoi au juste ?

Parce que j'avais d'autres priorités.

Mais pourquoi favoriser d'autres dimensions de ma vie alors que celle-ci, relativement négligée, fait naître en moi une forme de tristesse ?

Dans ce jeu des « pourquoi », il suffit de dérouler la pelote des évidences pour arriver à un espace où les réponses ne fusent plus, et demandent un peu plus de réflexion, un peu plus de nous-mêmes.

En écrivant ces lignes, je prends conscience à quel point j'ai changé – l'amitié est devenue beaucoup plus importante pour moi au fil des ans –, mais à quel point aussi je suis resté figé dans mes habitudes. C'est-à-dire dans une posture de consommateur plutôt que de bâtisseur d'amitiés.

Un consommateur d'amitiés les apprécie et peut même les célébrer. Un bâtisseur d'amitiés, au contraire, n'attend pas qu'elles se présentent à lui : il entreprend de les construire, patiemment mais aussi avec détermination. Nourrir des amitiés, les faire grandir, mais aussi les préserver et les réparer dès qu'il y a accroc, est une priorité – comme un marin prend le plus grand soin de ses voiles.

Retour à la question initiale : pourquoi les vrais amis devraient-ils se compter sur les doigts d'une main ? Cette « loi » s'appliquerait-elle à quelqu'un qui prendrait dix ou vingt minutes chaque jour pour se demander : « Quelle amitié nourrir aujourd'hui ? », « À quel ami écrire, faire plaisir ou rendre service ? » ou « Quel ami appeler ou réconforter ? »

S'accorder cette qualité d'attention dans le questionnement ouvre de nouveaux chemins et fait souvent naître un certain vertige de plaisir. J'entrevois dans mon cas la possibilité d'approfondir des amitiés anciennes mises en sommeil et d'en créer de nouvelles. Vais-je en être capable ? Je sais déjà que la prise de conscience est souvent le pas le plus décisif dans un cheminement ; elle provoque un élan intérieur qui, aussitôt, nous entraîne à faire les premiers pas.

Voici donc un exemple de ce qu'une curiosité bien placée peut provoquer : un éveil à une dimension profonde de nous-mêmes que nous avions négligée. N'est-ce pas réconfortant et même exaltant ?

NOTRE PROPRE CURIOSITÉ AU SERVICE DE L'ENFANT

Retrouver une partie de la curiosité de notre enfance n'est pas seulement utile pour donner plus de saveur et de sens à notre vie. Cela permet aussi de mieux comprendre les enfants que nous accompagnons, et de tisser avec eux plus de confiance.

Je pense ici à Célestin Freinet, l'un des grands pédagogues du XXe siècle. Voici ce qu'il écrit dans un de ses livres, *Les Dits de Mathieu*[1] :

> « Mon seul talent de pédagogue est peut-être d'avoir gardé une si totale empreinte de mes jeunes années que je sens, et que je comprends, en enfant, les enfants que j'éduque. Les problèmes qu'ils se posent et qui sont une si grave énigme pour les adultes, je me les pose encore moi-même avec les clairs souvenirs de mes huit ans... »

Le témoignage du psychologue américain Robert Coles m'a également beaucoup touché. Tout juste formé à son métier, il a eu l'occasion dans les années 1960 de suivre des enfants noirs qui étaient victimes de la résistance acharnée de certains habitants blancs à la déségrégation scolaire dans le sud du pays. Concrètement, l'arrivée de ces enfants noirs dans des établissements scolaires jusqu'alors réservés

1. Célestin Freinet, *Les Dits de Mathieu*, p. 34 (Delachaux et Niestlé, 1978). Pour en savoir plus sur ce livre, que je trouve unique, voir la bibliographie en annexe. Pour une autre facette du travail de Freinet, voir le chapitre 8.

aux blancs provoquait des émeutes, ce qui était bien sûr traumatisant pour eux.

Coles a été tellement marqué par cette expérience qu'il a décidé de consacrer l'ensemble de sa carrière à étudier comment les enfants traversent les périodes de crise. Il a ainsi publié plusieurs volumes d'une série intitulée *Children of Crisis* (malheureusement non traduite en français). Il s'est aperçu que leur vie spirituelle était beaucoup plus originale qu'il ne l'avait imaginé. Formé à une approche stricte de la psychanalyse, qui voyait avant tout dans la religion la manifestation de « névroses », il s'attendait à trouver chez les enfants une réplication de celles de leurs parents. Dans l'introduction d'un autre de ses ouvrages, *The Spiritual Life of Children*, écrit à la fin de sa carrière, il témoigne de ce qui fut pour lui une révolution : en déployant sa curiosité, à l'écoute profonde des enfants, il a découvert la profondeur et la beauté de leur vie intérieure[1].

VIVE L'INVESTIGATION CURIEUSE !

Qu'elle s'applique aux grandes questions de notre vie ou à nos enfants, notre capacité d'« investigation curieuse » peut être cultivée grâce à un travail d'écriture accessible à tous.

1. Voir toute l'introduction de *The Spiritual Life of Children* (Mariner Books, 1991). Coles y décrit son cheminement intellectuel, en particulier le déploiement de sa curiosité, qui lui a permis de dépasser ses certitudes initiales. Voir la bibliographie en annexe pour la présentation du livre.

En pratique...

Un quart d'heure d'investigation curieuse

Choisissez l'une des questions essentielles que vous avez identifiées, puis prenez une page blanche et un stylo, et installez-vous confortablement en vous protégeant des interruptions possibles pendant un quart d'heure. Si l'écriture vous pèse, vous pouvez aussi faire cette expérience à l'oral, en enregistrant votre réflexion à voix haute.

Identifiez un premier « pourquoi » sur le sujet que vous avez choisi : c'est votre point de départ. Par exemple : « Pourquoi est-ce que je me retrouve à courir du matin au soir ? » Puis apportez aussitôt une première réponse, celle qui vous vient d'emblée à l'esprit. Invitez ensuite un autre « pourquoi ». Et ainsi de suite pendant quinze minutes, sans vous arrêter. Il n'est pas rare de pouvoir enchaîner ainsi sept ou huit « pourquoi ».

Placez l'intention de garder le plus de légèreté possible, sans aucune crispation sur le résultat à atteindre et sans jugement contre vous-mêmes, comme si vous étiez un enfant curieux de comprendre.

Une telle expérience est de nature solitaire, mais il est aussi possible de chercher des partenaires de pratique pour nous aider à remonter la chaîne des « pourquoi ». Les enfants ont là aussi un rôle important à jouer.

Je me souviens en particulier d'un « atelier philo » animé par le philosophe Frédéric Lenoir que j'avais organisé avec des enfants d'une école de ma ville, intitulé « Qu'est-ce qu'une vie réussie ? ». J'avais été frappé par la profondeur de certaines réflexions des enfants. Rayonnante, une enfant de dix ou onze ans, née en France au sein d'une famille turque, était arrivée à la conclusion qu'une vie réussie était une vie riche en amitiés. Un moment fort dans mon évolution personnelle : une enfant de dix ans exposait ainsi ce que j'avais mis plusieurs décennies à comprendre !

Les maîtres de sagesse, qui ont d'ailleurs souvent célébré la pertinence du regard des enfants – à défaut d'être parents eux-mêmes –, sont aussi de bons compagnons pour s'entraîner. Un sage indien, Ramana Maharshi, célébré dans le monde entier pour la richesse de ses enseignements, était connu pour accueillir ses multiples visiteurs en les invitant invariablement à se poser cette seule question : « Qui suis-je[1] ? »

Qui suis-je ? À cette question peuvent se présenter quantité de réponses immédiates : un homme ou une femme, habitant tel ou tel lieu ou tel ou tel pays, et exerçant tel ou tel métier. Oui, mais qui suis-je vraiment ? Pour Ramana Maharshi, ce questionnement a pour finalité de nous mettre en lien avec la partie la plus profonde de notre être.

Et si vous n'avez pas d'enfants ou de grand sage autour de vous dans votre quotidien ? Probablement avez-vous au moins deux chaises…

---

1. Voir *L'Enseignement de Ramana Maharshi,* de Eleanor Breitenberg (Albin Michel, 2005).

Faites alors l'expérience de placer ces deux chaises en vis-à-vis dans une pièce, la chaise du « pourquoi » et la chaise du « parce que », et à passer de l'une à l'autre pour alimenter le dialogue entre une partie de nous-même qui questionne comme un enfant (ou un sage) et l'autre partie qui cherche des réponses.

PARTIR MARCHER AVEC UNE QUESTION EN POCHE

Ce type d'investigation curieuse peut être prolongée lors d'une marche dans la nature. C'est une pratique que j'appelle « partir marcher avec une question en poche », et sur laquelle je m'appuie régulièrement. Le principe est simple :

- choisir une question essentielle ;
- puis placer l'intention de trouver une réponse au cours de la marche ;
- mettre enfin la question « dans sa poche », c'est-à-dire ne plus y penser consciemment.

Il n'y a ainsi pas d'effort particulier à faire ; il s'agit juste de rester curieux devant les signes qui pourront éventuellement se présenter au cours de la marche et qui pourront apparaître comme des éléments de réponse.

Un arbre, une fleur ou encore un bâton peuvent soudain attirer notre attention, et quelque chose s'anime alors en nous : une réponse à la question choisie commence à émerger et « sonne » juste. Le point crucial est de se laisser

« choisir » par l'objet (ou l'animal) en question plutôt que de chercher à le choisir. Notre curiosité sur ce qui nous entoure doit être maximale ! Même lorsque rien d'éclairant ne vient, le fait même de s'être posé la question et d'avoir pris ce temps est déjà un grand pas.

Un proverbe arabe dit qu'une question bien posée est déjà la moitié de la réponse.

Et si l'autre moitié ne vient pas ?

Et si nous ne trouvons pas de réponse concluante à toutes les questions que nous nous posons ? Cela ne risque-t-il pas d'être frustrant ? Poser des questions, c'est bien. Avoir des réponses, c'est mieux !

C'est là que notre patience et notre persévérance entrent en jeu. Il nous faut être prêts à nous poser plusieurs fois les questions les plus essentielles – et même de nombreuses fois si nécessaire.

Dans ce livre, je vais aussi plaider pour des temps passés loin des enfants afin de mieux grandir : des temps de solitude choisie, dans des lieux propices à l'écoute intérieure.

DES TEMPS DE SOLITUDE CHOISIE, DANS DES LIEUX SACRÉS

Les traditions de sagesse dans de nombreuses cultures ont mis l'accent sur l'importance des temps de solitude comme les retraites et les pèlerinages dans des lieux sacrés. Dans une version laïque, des périodes courtes d'immersion dans la nature sont de formidables occasions d'écoute des réponses prêtes à émerger en nous, mais que nous n'entendons pas dans l'agitation du quotidien.

À ce sujet, je voudrais partager, pour terminer ce chapitre, la pratique qui s'est avérée pour moi la plus décisive au cours de la décennie écoulée afin de trouver des réponses à mes questions : passer régulièrement une nuit à la belle étoile.

C'est une expérience que j'avais vécue seulement à quelques reprises lorsque j'étais enfant. Puis s'est intercalée une longue période de près de trente ans pendant laquelle celle-ci est devenue totalement étrangère : trop habitué au confort d'un lit au chaud, j'en repoussais même l'idée.

Depuis que j'ai placé ma créativité et ma curiosité en haute priorité dans ma vie, j'ai décidé de vivre de nouveau de tels moments d'immersion dans la nature. La vingtaine de nuits à la belle étoile que je me suis offertes au cours des dernières années ont presque toutes livré un très beau cadeau : une clarification fondamentale des réponses à l'une des questions que j'avais emportées avec moi, en plus d'un profond bien-être. Je dois toujours me tirer par les bretelles du sac à dos au moment du départ (c'est vrai qu'un bon lit est tout de même plus confortable), mais je sais que la richesse qui m'attend vaut bien ce petit effort[1].

---

1. Comme je sais que l'expérience n'est pas toujours facile au début, je propose de passer une nuit à la belle étoile juste avant la grande fête créative que j'organise chaque année (fête proposée aux personnes que j'ai accompagnées dans le programme *Sacrée potion créative* – voir le chapitre 9 sur la créativité).

En pratique…

Une question essentielle sous les (belles) étoiles

Choisissez la question qui vous paraît la plus essentielle pour vous en ce moment dans votre vie, et sur laquelle vous achoppez.

Emmenez cette question dormir avec vous sous les étoiles. Posez-la en particulier avant de glisser dans le sommeil, sans rien forcer.

Probablement vous réveillerez-vous au milieu de la nuit, en raison de cris d'animaux, du vent ou d'une petite averse nocturne. Mais c'est un espace formidable qui s'ouvre alors pour vous : seul·e au cœur de la nature, vous êtes soudain capable d'une grande écoute. Repensez à la question avec laquelle vous vous êtes endormi·e, et mettez-vous à l'écoute des mots, des images ou des sensations qui montent en vous. Il n'y a rien à réussir, rien à atteindre, juste à écouter.

Si le cœur vous en dit, revenez vers la civilisation le lendemain, en vous offrant un temps d'écriture à la terrasse d'un café (un petit café ordinaire devient incroyablement savoureux après une nuit à la belle étoile !).

CHAPITRE 3

GAGNER EN AUTHENTICITÉ ET EN JUSTESSE

Je me dirige vers le frigo en choisissant le moment propice : les enfants sont à côté mais paraissent absorbés par leur jeu. Je m'approche doucement. Surtout, ne pas être vu. Je me sers un peu de jus de fruit, le dos tourné, en catimini. Pas dans un verre, mais dans une tasse opaque afin qu'ils ne puissent en deviner le contenu.

Je m'aperçois – comme chaque fois que cette scène se reproduit – que je suis pris à ma propre règle. Avec mon épouse, nous nous sommes mis d'accord : pas de jus de fruit en semaine, ni pour le petit déjeuner, ni dans la journée. Ils mangent et boivent déjà bien assez de choses sucrées.

La règle est fixée pour mon fils et ma fille et je ne la respecte pas moi-même. Mais pourquoi au juste ?

Parce que je mange moins de choses sucrées que les enfants ? Cela reste à prouver.

Parce que je suis un adulte ? Être attentif à ne pas consommer trop de sucre devrait pourtant s'appliquer à tous, non ?

Parce que c'est moi qui décide, tout simplement ! Argument typique face à l'impuissance à se justifier. La réponse fuse et coupe court à ce dialogue intérieur qui finit par m'agacer, car j'ai découvert en moi une incohérence : je fais ce que je leur interdis !

Les règles que nous établissons pour nos enfants peuvent être de formidables révélateurs de nos propres contradictions. Ils ne se privent d'ailleurs pas de les souligner... et de se faire leur petite opinion sur nous.

Dans le cas du jus de fruit, j'ai été suffisamment habile et je ne me suis pas (encore) fait prendre. Mais il y a beaucoup d'autres exemples où j'ai été moins chanceux :

- Pourquoi tu dis des gros mots alors que nous n'avons pas le droit ?
- Pourquoi tu n'as pas tenu cette promesse alors que tu nous as dit qu'il fallait toujours respecter sa parole ?
- Pourquoi tu nous dis de ne pas hurler alors que tu hurles parfois ?
- Pourquoi tu m'as donné une gifle alors que tu dis toujours que la violence est inadmissible et ne règle rien ?

Viser à rapprocher davantage ce que l'on dit et ce que l'on fait est un impératif éducatif : il est essentiel d'être cohérent dans les messages que nous faisons passer aux enfants. Mais il y a plus. Au-delà du champ éducatif, c'est un enjeu majeur pour nous-mêmes, car cela nous permet de grandir en authenticité, et de gagner en justesse dans nos paroles et dans nos actes.

Plus doués de franchise que les adultes, les enfants nous offrent cette chance.

DONNER PLUS DE JUSTESSE À NOS PAROLES ET À NOS ACTES

Vous me direz que nous sommes tous déjà plus ou moins attentifs à la conformité entre nos paroles et nos actes. Connaissez-vous en effet beaucoup de personnes qui se lèvent le matin avec l'envie ou la volonté d'être le moins authentique possible ?

Pourtant, une grande vigilance est nécessaire. Dans beaucoup de traditions spirituelles, la vigilance occupe une place centrale. Nous sommes ainsi invités par les grands maîtres de sagesse à observer de façon régulière si nos actes et paroles sont justes, et où nous plaçons notre attention.

Notre esprit est-il agité, ou embarqué par mille pensées comme une feuille ballottée par le vent ? Savons-nous au contraire l'apaiser et nous concentrer sur ce qui compte vraiment ?

Veiller à l'harmonie entre nos paroles et nos actes est tout particulièrement important dans les relations avec les enfants, qu'il s'agisse ou non des nôtres. Les règles que nous fixons pour eux mais que nous ne respectons pas nous-mêmes sont de bonnes occasions de progresser.

Certaines règles (comme ne pas jouer avec le feu) ne s'adressent certes qu'aux enfants, parce qu'ils ne sont pas pleinement conscients des dangers autour d'eux, et parce que leur jugement n'est pas encore mûr. Mais de telles règles ne sont-elles pas une minorité, tandis que la majorité des règles devraient aussi s'appliquer aux adultes ?

Gagner en justesse suppose de commencer par repérer les règles que nous imposons sans les suivre nous-mêmes, puis de vérifier si nous avons vraiment de bonnes raisons pour cela... Si ce n'est pas le cas, changeons la règle, ou prenons la décision de la respecter dans l'avenir !

Pour reprendre l'exemple du jus de fruit, c'est la règle elle-même qui, je l'avoue, a commencé à me paraître un peu stupide, sans réelle justification. Je me suis donc creusé la tête afin de la remplacer :

– en achetant une bouteille pour la famille pour la semaine, avec un appel à la responsabilité de chacun pour veiller à en laisser aux autres, suivi d'une discussion franche au sein de la famille dans le cas où l'un d'entre nous aurait abusé ;

– ou tout simplement en faisant en sorte qu'il y ait toujours des oranges et quelques autres fruits dans la maison afin qu'il soit toujours possible de concocter un jus de fruits frais (c'est cette dernière solution que j'ai finalement proposée).

En identifiant cette autre possibilité de modérer la consommation de jus de fruit, je me suis senti soulagé et heureux. Cette règle imposée n'était pas vraiment adaptée, et surtout je trouvais pesant d'agir en catimini. Cela ne sonnait pas juste en moi.

De beaux trésors se cachent parfois derrière de simples exemples !

L'effort requis pour ajuster ce que nous disons et ce que nous faisons ne doit pas être pesant. Il peut même prendre la forme d'un jeu, et devenir agréable. Je vous invite ici à une expérience, que j'appelle le jeu des 7 différences.

EXPÉRIENCE…

Le jeu des 7 différences

Offrez-vous dix minutes environ pour identifier 7 règles que vous avez fixées pour vos enfants mais que vous ne respectez pas (ou pas entièrement) vous-mêmes.

Pourquoi au juste ?

Y a-t-il parmi elles des règles qui s'appliquent uniquement aux enfants ?

Ou bien pouvez-vous en toute franchise identifier une certaine complaisance de votre part (vous pourriez les respecter vous aussi, mais n'en avez pas vraiment envie) ?

Une question alors se pose : êtes-vous prêt·e à mieux respecter ces règles, ou à en imaginer d'autres valables pour toute la famille ?

Grandir en humanité auprès des enfants est une aventure passionnante. J'aime à ce sujet l'invitation du grand pédagogue polonais Janusz Korczak à voir chacun de nos enfants comme un parchemin couvert d'hiéroglyphes, et à « chercher dans cet étranger la partie inconnue de nous-mêmes[1] ».

EN CHEMIN VERS UNE « PAROLE IMPECCABLE » ?

J'ai pris conscience au contact de mes enfants que ma parole était loin d'être « impeccable ». La notion de « parole impeccable » a été proposée par Miguel Ruiz dans son livre à succès *Les Quatre Accords toltèques* : il s'agit dans un premier temps de prendre pleinement conscience de l'effet de nos paroles, puis de veiller à limiter les dégâts qu'elles peuvent produire, notamment en évitant autant que possible la médisance[2].

C'est un immense défi – et pour Miguel Ruiz le plus délicat parmi les quatre engagements qu'il nous propose.

En ajoutant l'attention à accorder à nos paroles et à nos actes ne risque-t-on pas de placer la barre trop haut, et de se décourager chaque fois qu'on ne la franchit pas ?

Plutôt qu'un objectif à atteindre, nous pouvons choisir de voir notre « parole impeccable » comme un idéal, un

1. Janusz Korczak, *Comment aimer un enfant*, p. 24 (Robert Laffont, 2006). Pour une présentation de ce livre et de l'auteur, voir la bibliographie en annexe.
2. Dans une version des *Quatre Accords toltèques* pour les enfants, par Mélissa Monnier et Olivier Clerc (*Les Quatre Accords toltèques transmis à mon enfant*, Jouvence, 2019), le symbole proposé pour la parole est celui d'une épée, qui peut être précieuse mais aussi blessante.

horizon. Un idéal ne s'atteint jamais, pas plus qu'un horizon, mais il s'avère nourrissant à mesure que l'on cherche à s'en rapprocher : il y a quelque chose qui grandit en nous à chaque pas, et qui nous réjouit[1].

LE DÉFI DE LA CONGRUENCE

Les enfants nous aident donc à être plus vigilants et à mettre davantage en conformité nos paroles et nos actes. Nous devenons ainsi plus cohérents. C'est déjà précieux, mais une plus grande richesse encore nous attend au cœur de notre mission de parent ou d'éducateur.

Et si être vraiment authentique consistait à veiller à l'alignement entre ce que nous ressentons d'une part, et ce que nous faisons ou disons d'autre part ? Cet équilibre est au cœur de la notion de congruence, considérée par certains comme un attribut essentiel pour tout psychothérapeute mais qui mériterait aussi de figurer dans les formations pour éducateurs (et pour parents, s'il en existait de façon formelle).

J'avais découvert cette notion lors d'une formation sur le travail du psychologue Carl Rogers que j'avais suivie il y a environ vingt ans, bien avant la naissance de mes enfants.

1. Sur la fertilité d'un idéal, dans la vie spirituelle en particulier, voir *Création artistique et création spirituelle,* de Mikhaël Aïvanhov (Prosveta, 2000). Un livre qui fourmille d'idées – parfois déconcertantes mais toujours précieuses pour la réflexion. Pour un autre des livres de Mikhaël Aïvanhov, sur le thème de l'éducation, voir la bibliographie en annexe.

Cette formation m'avait passionné, mais c'est seulement avec leur apparition dans ma vie que j'ai saisi à quel point la congruence était cruciale[1].

Être pleinement congruent est là aussi un idéal dont on peut s'approcher sans jamais l'atteindre. Il n'est donc pas étonnant de trouver en nous de nombreux manques de congruence, notamment vis-à-vis des enfants que nous accompagnons.

Nous manquons par exemple de congruence quand :

- nous déclarons d'emblée magnifique tout dessin ou autre création qu'ils nous présentent : intérieurement nous jugeons que c'est un gribouillis sans grand intérêt mais exprimons tout de même notre admiration ;
- nous nous forçons à jouer avec eux alors que nous n'en avons aucune envie à cet instant précis, et que nous n'avons qu'une seule idée en tête : nous échapper vers un moment de solitude ou une activité qui nous tient plus à cœur ;
- nous préférons ne pas exprimer l'admiration qu'ils font naître en nous, par crainte de les habituer à trop de « mots doux » – ne serait-il pas dangereux pour eux de trop leur montrer que nous les admirons ?

1. Carl Rogers est le fondateur de l'approche centrée sur la personne et est considéré comme l'un des grands psychothérapeutes humanistes du XXe siècle. La notion de congruence dans son travail est centrale, mais aussi complexe, car elle a évolué au fil du temps. Pour plus de détails, voir https://www. cairn.info/revue-approche-centree-sur-la-personne-2013-1-page-28.htm

Dans ces trois cas, il y a un écart manifeste entre ce que nous ressentons et ce que nous disons ou faisons. Mais quel est au juste le problème ? Après tout, notre intention est saine : nous agissons dans leur intérêt.

Le problème est qu'un manque de congruence est souvent perçu par nos interlocuteurs, particulièrement ceux qui ont une sensibilité fine, comme c'est le cas de beaucoup d'enfants. Cette perception pèse ensuite sur la confiance qu'ils nous accordent. Pour Véronique Decker, directrice d'école en Seine-Saint-Denis et auteure de plusieurs livres sur son métier au quotidien, la plus grande sincérité est même une condition essentielle de la confiance et donc de l'autorité dans les relations avec les enfants[1].

Comme le souligne Alexander Neill dans un livre publié près de quarante ans après la création de l'école Summerhill, les enfants sont capables d'une grande sincérité (à condition que leur liberté soit respectée) : « Quand un enfant grandit librement dès son jeune âge, il n'a pas besoin de traverser ce stade de mensonge et de comédie. [...] Il se peut que la plus grande découverte que nous ayons faite à Summerhill, c'est qu'un enfant naît sincère. Nous avons décidé de laisser les enfants tranquilles afin de découvrir leur véritable nature[2]. »

---

1. Voir *Trop classe. Enseigner dans le 9-3,* de Véronique Decker (Libertalia, 2016). Un livre passionnant qui illustre la résilience et la créativité exigées par le métier d'enseignant. Pour en savoir plus sur le travail de Véronique Decker, voir le chapitre 8.
2. Alexander Neill, *Libres enfants de Summerhill*, p. 154 (La Découverte, 2004). Voir la bibliographie en annexe pour en savoir plus sur ce livre.

Peut-être vous souvenez-vous d'un moment où, enfant, un compliment appuyé vous a été fait pour un travail que vous jugiez vous-mêmes médiocre. Le trait vous paraissait forcé, le compliment artificiel, vous n'y avez pas cru… Difficile alors de faire confiance à cet adulte, n'est-ce pas ?

Que faire alors pour gagner en congruence sans pour autant froisser autrui ? Car il ne s'agit pas de déverser nos ressentis sans précautions : ils pourraient être perçus comme des jugements blessants. Voici ce que cela donnerait, en reprenant les deux premiers exemples ci-dessus :

– « Je trouve ton dessin médiocre. »
– « Je n'ai aucune envie de jouer avec toi. »

UNE ÉCOUTE INTÉRIEURE ATTENTIVE COMME CLEF DE LA CONGRUENCE

La clef de la congruence est une écoute attentive, avant de parler ou d'agir, de ce que nous ressentons exactement. Il ne s'agit pas d'un effort d'analyse compliqué qui prendrait des heures, mais juste d'un petit moment d'écoute intérieure :

– Y a-t-il dans ce dessin quelque chose qui me plaît ou me touche, même si je juge que c'est un gribouillis ? Cela peut être déjà l'intention de l'avoir fait pour moi, mais il y a peut-être aussi une combinaison de couleurs, ou une énergie particulière que j'apprécie, et que je peux alors choisir d'exprimer.

- Quel est le besoin que j'éprouve actuellement qui est bien supérieur à mon envie de jouer avec cet enfant ? Et quel serait un moment où j'aurais par contraste véritablement envie de jouer avec lui ou avec elle ? Je suis alors en mesure d'exprimer à la fois ce besoin et cette envie d'un autre moment, au lieu de continuer à me forcer sans plaisir.
- Qu'est-ce qui dans cet enfant me touche particulièrement, ou suscite mon admiration ? Quelle qualité précisément, quel trait de caractère ? Je peux alors être précis dans mon expression sans risquer de trop en faire – ce qui sera au passage plus apprécié par le ou la destinataire.

L'enjeu premier de la congruence est la confiance que nous parvenons à créer avec les enfants, et plus généralement avec les personnes avec qui nous sommes en interaction. Mais il y a aussi un autre enjeu majeur qui nous concerne directement : celui de parvenir à donner le meilleur de nous-mêmes.

La contribution du pédagogue américain Parker Palmer est ici passionnante. Palmer a écrit un livre entier, malheureusement non traduit en français, sur le travail intérieur que suppose le métier d'enseignant.

> « Quand j'enseigne, je projette l'état de mon âme sur mes élèves, mon sujet, et la façon d'être ensemble. Les complications que je rencontre dans la salle de classe ne sont ni plus ni moins que les circonvolutions de ma vie intérieure. Sous cet angle, l'acte d'enseigner présente un miroir à notre âme. Si je suis prêt à regarder ce miroir et ne pas fuir ce que j'y vois, j'ai une chance de faire

> grandir la connaissance de moi-même – et me connaître moi-même est aussi essentiel pour bien enseigner que de connaître mes élèves et mon sujet[1]. »

Ne pourrait-on pas dire la même chose pour le « métier » de parent ?

Que voyons-nous donc dans le miroir que nous tendent nos enfants ?

L'EXEMPLE DE LA JALOUSIE

Prenons encore un exemple pour illustrer la notion de congruence : celui de quelqu'un dont les succès nous rendent jaloux. La jalousie est peut-être au premier abord le sentiment le plus intense en nous, mais, en regardant plus attentivement, nous pourrions découvrir une autre part de nous-mêmes aussi touchée ou admirative devant les qualités dont cette personne fait preuve.

Nous pouvons alors choisir de lui expliquer ce que nous avons trouvé admirable ou touchant chez elle… tout en exprimant aussi notre jalousie (« J'admire cela chez toi et cela me rend même un peu jaloux ! »).

Je me souviens du jour où quelqu'un a pu ainsi exprimer sa pointe de jalousie envers moi à propos d'un projet

1. *The Courage to Teach: Exploring the Inner Landscape of a Teacher's Life*, de Parker Palmer, passage 422 de l'édition Kindle (Jossey-Bass, 2017). Traduction par l'auteur du présent ouvrage. Voir bibliographie en annexe pour plus d'informations sur ce livre.

que j'avais mené à son terme. La confiance que j'avais en cette personne en a été renforcée. Je l'ai même à mon tour admirée pour la congruence dont elle était capable ! Pour certains, le sage est celui qui est capable de se réjouir des succès ou des progrès des autres. Mais nous ne sommes pas tous – en tout cas pas toujours – des maîtres de sagesse !

Dans tous les cas, la congruence demande un entraînement. Et les enfants sont pour cela de merveilleux partenaires.

LE CHAMP DES PROMESSES COMME TERRAIN D'EXERCICE

Le champ des promesses est un terrain fertile pour s'entraîner. Les enfants en sont friands : lorsqu'ils désirent intensément quelque chose, une promesse vient apaiser leur impatience.

« Je te promets que je viendrai jouer avec toi quand j'aurai fini ce travail » : la promesse est bien pratique en raison de son effet apaisant immédiat. Elle peut aussi avoir des effets dévastateurs si elle n'est pas tenue ou si son accomplissement est sans cesse repoussé. C'est finalement la confiance que nous portent nos enfants qui est en jeu.

Il y a quelques années, un de mes frères m'a raconté que son fils aîné avait commencé à l'appeler « Monsieur Demain ». Quand il a cherché à comprendre la raison de ce surnom, son fils lui a expliquée de façon claire : « Parce qu'avec toi, pour faire quelque chose ensemble, c'est toujours demain ! »

Cela a été le début d'une prise de conscience qui l'a amené à plus de vigilance dans ses promesses.

Un certain effort de congruence est en particulier nécessaire au moment où un adulte fait une promesse à un enfant. Dans la plupart des cas, il imagine pouvoir la tenir. Mais ce n'est pas suffisant : sans une écoute attentive de ce qui se passe en lui au moment de promettre, le risque est grand de renier sa parole, et donc d'endommager la confiance. Je vous invite ci-dessous à une expérimentation pour prendre la mesure de la richesse d'un effort de congruence.

EN PRATIQUE...

Les quelques minutes qui précèdent une promesse

Vous êtes sur le point de promettre quelque chose à un enfant. Vous savez qu'il y a de bonnes chances de pouvoir tenir cet engagement, mais vous n'en êtes pas tout à fait sûr·e.

Prenez quelques instants d'écoute intérieure. Y a-t-il en vous un léger malaise ? Une pointe d'inconfort ? Une petite dose de frustration, ou même de ressentiment si, au fond, vous n'avez pas vraiment envie de faire cette promesse ?

Prenez quelques minutes pour clarifier ce ressenti. Au lieu d'une promesse, la réponse pourra ainsi prendre un autre chemin si vous n'êtes pas sûr·e de tenir votre parole. D'autres options sont alors possibles :

- « J'ai besoin d'un peu plus de temps pour y voir plus clair avant de m'engager. »

ou

– « Je ne peux promettre cela, mais je peux promettre autre chose, car je serais alors sûr de tenir mon engagement. »

Les réflexions de ce chapitre me sont venues après avoir observé en moi de nombreux manques de justesse et après m'être souvent pris les pieds dans le tapis des petites ou grandes promesses. Si c'est le cas pour vous aussi, je vous souhaite la bienvenue dans le grand club des parents et éducateurs qui progressent pas à pas vers plus d'authenticité. Quelle aventure !

CHAPITRE 4

TROUVER DES INSTANTS DE PAIX PROFONDE AU CŒUR DU CHAOS

Vous vous sentez usé·e par vos enfants depuis plusieurs heures déjà. Vous êtes au cœur du chaos et commencez à toucher les limites de votre patience. Votre conjoint·e n'est pas là, et vous attendez son retour avec impatience.

Enfin, il ou elle revient, et propose, avec générosité, de laver la vaisselle ou de faire les courses. Non ! C'est vous qui allez vous en charger : vous vous jetez sur cette mission comme sur une bouée de sauvetage. C'est déjà un temps pour souffler, un moment d'apaisement. Tout sauf continuer à s'occuper des enfants, en fait !

Je n'avais jamais ressenti d'envie aussi profonde de faire la vaisselle avant d'avoir passé une journée entière avec des enfants en bas âge. Des témoignages de parents d'ados en phase de contestation aiguë me laissent penser que je suis loin d'en avoir fini avec cette envie de trouver un abri. « À grands enfants, grands problèmes », me disent-ils…

Faire une pause et se détendre est un besoin naturel quand des enfants accaparent chaque minute de notre attention et chaque fraction de notre énergie vitale.

Chacun d'entre nous aura une activité de prédilection : lire un magazine ou un livre, regarder un film, appeler des amis, pratiquer un sport.

Mais est-ce vraiment de détente que nous avons le plus besoin ? Ne serait-ce pas plutôt d'une grande respiration, qui nous mette en contact avec une paix intense, que l'on pourrait qualifier de « paix des profondeurs » ? Un moment précieux pour se reconnecter à la plus belle partie de nous-mêmes, perdue de vue à force de vivre sans cesse sur la brèche.

De tels temps de ressourcement profond et vital sont difficilement accessibles aux parents. Nous les repoussons souvent à un horizon lointain, quand les enfants auront grandi, quand ils seront devenus adultes…

En attendant, rien de très propice à la paix intérieure dans le quotidien des parents ! À cet égard, je me souviens du témoignage d'un moine que j'avais lu avant d'accueillir des enfants dans ma vie (sans parvenir à me décourager) :

> « Autrefois, on parlait de la voie commune qui mène au mariage, et de la voie de perfection qui mène à la vie religieuse, les moines représentant le sommet de celle-ci. Il m'a suffi de voir mes sœurs me visiter ici avec leurs jeunes enfants pour me persuader de la naïveté de cette présentation des choses. Au bout de deux jours, avec tous ces petits gosses, j'étais éreinté : il fallait les écouter, les moucher, les faire jouer ; ils pleuraient, on ne sait

> pourquoi, et la minute d'après ils riaient. Je pensais, en les quittant, que mes sœurs étaient des saintes[1] ! »

Chercher des moments de paix profonde mérite de faire l'objet d'une attention particulière, car ceux-ci ne se présentent pas spontanément dans une journée de parent. Il faut aller à leur rencontre. C'est un déplacement, une forme de voyage vers un autre état de conscience, un autre paysage intérieur. Comme un « voyage à l'étranger », avant de revenir vers nos enfants avec un état intérieur de qualité.

De même que nous leur rapportons parfois des cadeaux d'un voyage, nous revenons de ces « voyages à l'étranger » avec quelque chose à leur offrir : la paix que nous portons en nous[2].

L'invitation à nous ancrer dans la paix que nous recevons régulièrement des enfants peut se traduire par l'aménagement de courts temps de solitude mais aussi par la recherche d'un autre mode de présence avec eux.

DES MICRODOSES DE SOLITUDE POUR RENFORCER NOTRE PAIX INTÉRIEURE

Le Graal de beaucoup de parents consiste en ces temps privilégiés où ils confient à quelqu'un leurs enfants

1. Ghislain Lafont, *Des moines et des hommes* (Stock, 1975). Un livre précieux pour découvrir l'expérience de vie d'un moine.
2. J'ai emprunté cette métaphore du « voyage à l'étranger » à Mikhaël Aïvanhov dans son livre sur l'éducation : *Une éducation qui commence avant la naissance,* p. 64-65 (Prosveta, 2000).

– tous ! – et s'offrent une tranche de temps libre. Quelques heures, une journée ou quelques jours une fois par an. C'est la fête au moment du départ… comme lors des retrouvailles.

Restons réalistes : pour la plupart d'entre nous, ces périodes bénies s'étendent rarement au-delà de quelques heures par semaine. C'est même le lot des plus chanceux, qui ont un·e conjoint·e attentif·ve à préserver ces espaces libres, ou qui peuvent compter sur l'aide de grands-parents ou d'amis.

À quoi donc occupons-nous notre temps quand les enfants nous laissent un peu de répit, absorbés par leurs activités – ou lorsque, à bout, nous les installons devant un écran ? Dans la mesure où ces moments sont rares et précieux, il est important de se poser la question.

En faisant la liste de ce que vous choisissez le plus souvent de faire, vous constaterez probablement que la plupart des activités peuvent se ranger dans l'une des catégories suivantes :

– appeler un·e ami·e ;
– envoyer une série de messages depuis son téléphone ou son ordinateur ;
– effectuer l'une des nombreuses tâches domestiques en retard ;
– lire un magazine ou un livre, ou regarder un film.

Spontanément, il ne nous vient pas à l'esprit d'en faire un temps pour « voyager à l'étranger » afin de cultiver notre paix intérieure et de reprendre contact avec la plus belle partie de nous-mêmes. Dommage, car c'est ce qui fait souvent le plus de bien. Dans ces moments de reconnexion, nous nous approchons de l'espace de silence et de paix profonde toujours disponible en nous mais souvent perdu de vue.

LA SOLITUDE CHOISIE ET LA NATURE COMME ALLIÉES

Dans les traditions spirituelles, la solitude est considérée comme une alliée précieuse. Il y a la solitude subie, qui pèse terriblement, et la solitude choisie, qui, elle, nourrit en profondeur. Quand nous sommes « au bout du rouleau », dix minutes de solitude savourée en conscience permettent de se ressourcer tout autant que le permettrait une longue escapade.

Pour les personnes croyantes, ou qui expérimentent une forme de transcendance, c'est même au cœur de la solitude qu'elles se sentent le moins seules : elles ont une Présence à écouter et à honorer.

Idéalement, une autre alliée peut être appelée en renfort : la nature. Comme l'ont montré une série d'études scientifiques, le contact avec la nature nous aide à lutter contre le stress et favorise notre santé mentale[1].

1. Voir à ce sujet le livre *Natura. Pourquoi la nature nous soigne… et nous rend plus heureux*, de Pascale d'Erm (Les Liens qui libèrent, 2019), qui fait le point sur les recherches scientifiques menées sur les effets du temps passé dans la nature sur notre corps et sur notre esprit.

Pas facile de combiner la solitude et la nature quand on a des enfants, surtout en bas âge ! Il existe pourtant beaucoup d'occasions que nous ne voyons pas ou que nous gâchons.

Que font par exemple les parents qui emmènent leurs enfants dans un parc public ? Selon mes observations, la plupart d'entre eux, assis sur un banc, s'occupent avec leur téléphone portable ! Une autre option serait de profiter de cette pause pour en faire un temps contemplatif. Pour poser son attention quelques minutes sur son souffle, sur les arbres, les nuages, ou sur le chant des oiseaux.

Même en restant à la maison, les microtemps de solitude favorisent la reconnexion à soi. J'aime pour ma part profiter des instants où mes enfants s'occupent par eux-mêmes pour me ménager un court temps de méditation dans la pièce à côté, en laissant la porte ouverte, prêt à intervenir si nécessaire au cas où un conflit dégénère. Cette solitude, pourtant relative, est si nourrissante que je me sens bien plus présent quand je les retrouve dix minutes plus tard.

UN JEU, PAS UN COMBAT

Dans cette recherche de moments de ressourcement, les revers sont nombreux. Pierre Desproges parlait avec humour de la loi inflexible selon laquelle le téléphone sonne quand on prend son bain. En voici une autre : cela hurle dans la pièce à côté au moment précis où vous vous asseyez pour savourer un moment tranquille !

Il s'agit de veiller à ce que l'attention consacrée à préserver une solitude nourricière ne devienne pas un combat. Pourquoi ne pas donner à l'exercice une dimension ludique ? Pensez par exemple au jeu « 1, 2, 3… Soleil ». Il y a une excitation à s'approcher du but, avec la perspective de « gagner », mais aussi avec une forme de jubilation à se faire surprendre en plein mouvement. Dans le même esprit, nous pouvons essayer d'aménager quelques microdoses de solitude, tout en gardant le sourire lorsque cela s'avère finalement impossible.

En pratique…

Partir en voyage dans la pièce à côté

Identifiez un lieu propice pour vous offrir de petites doses régulières de solitude : idéalement une pièce dédiée si vous avez la chance d'avoir une habitation assez grande, ou un coin de pièce si, comme moi, vous n'avez pas assez de place. Aménagez l'endroit avec le plus possible d'éléments de nature à rendre ces moments apaisants (de belles photos ou des objets choisis, une bougie, un coussin de méditation…).

Entraînez-vous à poser votre attention sur votre souffle, ou sur d'autres supports d'attention possibles (l'une des photos, la flamme de la bougie).

Savourez la sensation de vous retrouver, et n'oubliez pas de vous féliciter d'avoir pris ce temps. Sentez au fil des minutes le flot des pensées qui s'apaise, l'agitation qui se réduit. Ne vous mettez pas de pression pour réussir quoi que ce soit : le seul fait de ne rien faire pendant quelques minutes est formidable. Vous êtes parti·e en voyage en chemin vers vous-mêmes !

Si vous le souhaitez, placez l'intention de revenir de ce voyage avec de nouvelles ressources, que vous allez pouvoir offrir aux enfants dont vous avez la responsabilité (un peu plus de paix intérieure, une dose supplémentaire d'attention ou de tendresse).

Puis retrouvez les enfants avec la joie de ceux qui reviennent grandis par un voyage…

LES OCCASIONS MULTIPLES DE NOTRE VIE QUOTIDIENNE

La barre vous paraît haute ? Vous vous dites peut-être que vous ne parviendrez jamais à aménager de tels temps de solitude. Il y a tellement à faire, entre travail et tâches domestiques – la caractéristique première des tâches domestiques étant d'être sans fin !

Les traditions de sagesse, qui nous invitent à veiller à notre qualité de présence et à entraîner notre attention, instant après instant, apportent ici une bonne nouvelle : nous ne devons pas nécessairement être seuls et en mode repos pour pratiquer.

Dans la tradition zen, par exemple, il n'y a pas de hiérarchie entre :

– la pratique formelle de la méditation (nous ne faisons que cela, en nous protégeant des interruptions) ;

– et la pratique informelle (nous visons à répliquer dans nos activités du quotidien l'attention à l'instant et la sérénité cultivées dans la pratique formelle).

Concrètement, cela signifie que toute activité du quotidien peut devenir une occasion de s'exercer, même les tâches jugées souvent pénibles comme laver, ranger ou encore balayer. Dans les monastères zen, ces activités représentent d'ailleurs des temps de pratique qui ont la même valeur que ceux qui sont passés sur un coussin de méditation[1].

Dans le quotidien de parent, la pratique informelle est d'autant plus fondamentale que les temps de pratique formelle sont difficiles à aménager.

En pratique…

Les tâches domestiques comme occasions d'apaisement intérieur

Identifiez une tâche qui vous pèse, sans être non plus une corvée absolue (passer l'aspirateur, repasser, faire la vaisselle). Donnez-vous pour intention de l'accomplir en la transformant en temps de reconnexion à votre paix intérieure.

Dans le cas de la vaisselle, placez par exemple toute votre attention sur la sensation de l'eau sur vos mains, le bruit qu'elle

1. Voir par exemple *Journal d'un apprenti moine zen,* de Giei Satô (Philippe Picquier, 2010), dans la tradition monastique bouddhiste, et *La Mystique du quotidien,* de Christianne Méroz (Ouverture, 2005), pour la tradition chrétienne.

fait en coulant, l'odeur du produit que vous utilisez. Dès qu'une pensée traverse votre esprit (ce que vous avez oublié de faire, ce que vous allez faire après), laissez-la filer, et ramenez votre attention tranquillement mais fermement sur le support d'attention que vous avez choisi, jusqu'à ce que vous ayez terminé.

Au début, il n'est souvent pas possible de maintenir son attention stable plus de quelques secondes. Au lieu de vous juger durement, choisissez de vous féliciter d'y être déjà parvenu·e pendant ces instants.

Sentez à quel point sont précieux les moments où votre attention est vraiment posée sur l'instant présent. Peu à peu, le flot des pensées ralentit, le mental s'apaise. C'est un véritable cadeau que vous vous offrez avec ce moment de paix. Et vos enfants vont pouvoir à leur tour en profiter !

Pour aller plus loin dans ces expérimentations, je vous recommande notamment la lecture de *Pratique de la méditation à chaque instant. Petit guide pour nos vies trop occupées*[1], de Thich Nhat Hanh, moine zen apprécié dans de nombreux pays pour la simplicité et la profondeur de ses livres, accessibles que l'on soit ou non bouddhiste.

1. Thich Nhat Hanh, *Pratique de la méditation à chaque instant. Petit guide pour nos vies trop occupées* (Le Courrier du Livre, 2014). Voir également le livre qu'il a écrit à destination des enseignants : *Un prof heureux peut changer le monde* (Pocket, 2019).

UNE AUTRE MANIÈRE D'ÊTRE EN LIEN AVEC NOS ENFANTS

Si vous ne parvenez pas, malgré tous vos efforts, à préserver des temps pour cultiver votre paix intérieure, il reste une belle surprise à découvrir : faire l'expérience, grâce à l'esprit de la méditation informelle, d'une présence plus attentive et paisible auprès de vos enfants.

Imaginez que vous êtes avec un enfant en train de jouer, de lire une histoire, ou de l'écouter tout en n'aspirant intérieurement qu'à une chose : être ailleurs, n'importe où… mais sans lui ! Vous êtes arrivé·e à saturation, et vous seriez presque prêt·e à le confier à quiconque vous proposerait de s'en occuper pendant une ou deux heures. Aucune relève en vue : vous allez devoir continuer…

Ces moments a priori pénibles sont en fait d'excellentes occasions de pratique. Ils peuvent se transformer en moments précieux en nous entraînant à poser toute notre attention sur l'enfant. Son regard ou sa respiration peuvent par exemple devenir notre support d'attention. Même si les distractions sont au début nombreuses, le flot des pensées s'apaise peu à peu et nous en venons à savourer ce moment de connexion avec l'enfant. Je vous invite à en faire l'expérience ci-dessous dans une situation de jeu.

En pratique...

La méditation du jeu avec un enfant

Un enfant vous demande avec insistance de jouer avec lui. Vous acceptez, un peu à contrecœur toutefois, car vous avez autre chose à faire.

L'exercice consiste, avec l'esprit de la pleine conscience, à poser toute votre attention sur le moment présent : alternativement sur votre souffle et sur l'enfant à vos côtés, et en particulier sur son regard. Alors qu'il est immergé dans le jeu, contemplez à intervalles réguliers la joie dans ses yeux, comme on contemplerait le lever du soleil sur un beau paysage.

Dès qu'une pensée embarque votre attention (souvenez-vous : vous avez tant d'autres choses à faire que de jouer !), observez-la quelques secondes sans juger, puis reposez votre attention sur votre souffle ou sur le regard de l'enfant...

Remarquez qu'il est possible en même temps de prendre part au jeu. La plupart des jeux de société permettent par exemple, une fois votre tour passé, de poser votre attention où bon vous semble sans que cela dérange les autres joueurs.

Au bout de quelques minutes, vous ferez probablement le constat que vos tensions ont diminué et que rien ne pourrait être plus précieux que ce temps passé avec l'enfant. C'est peut-être même avec lui, rien qu'avec lui, que vous avez maintenant envie de partager ce moment !

Bien sûr, cela ne « fonctionne » pas en toute circonstance. Il y a toujours des moments où aucune transformation intérieure ne paraît possible, où nous nous sentons prisonniers de nos tensions ou de notre agitation.

Mais qu'est-ce signifie « fonctionner » au juste ?

Il s'agit avant tout d'un entraînement à placer notre attention sur ce qui compte le plus, et à modifier notre regard. Chaque tentative, même infructueuse en apparence, a son importance : la graine semée poussera plus tard.

EN PRATIQUE...

À l'unisson avec la respiration d'un enfant qui dort

Cette expérience est particulièrement riche à la fin d'une journée difficile et épuisante. Si vos enfants sont encore petits, il se peut que l'étape du coucher soit elle-même pénible, avec une série de « rappels ». S'ils sont plus grands, des accrochages avec eux au cours de la journée ont peut-être laissé en vous des tensions.

Une fois votre enfant (enfin !) endormi, il a un beau cadeau à vous offrir : l'occasion de vivre un moment d'apaisement et de connexion en vous reliant à lui par le souffle.

Approchez-vous doucement de votre enfant endormi. Dans l'obscurité, posez toute votre attention sur le son de sa respiration. Écoutez chaque inspiration et chaque expiration comme s'il s'agissait de la plus belle des musiques – celle de la Vie qui l'anime.

Assis·e ou allongé·e à côté du lit, calez votre propre respiration sur son souffle. Ressentez l'harmonie puissante qui se dégage de cette respiration commune. Une connexion de plus en plus émouvante se forme au fil des secondes.

Si vous le souhaitez, vous pouvez terminer l'expérience en imaginant offrir à chaque expiration quelque chose de précieux à votre enfant : de la paix, de la lumière, ou encore de l'amour.

La fatigue de la journée est toujours présente, mais elle paraît maintenant plus légère. Vous vous sentez grandi·e.

CHAPITRE 5

PUISER DANS NOS RÉSERVES DE TENDRESSE

Je marche dans les rues de la ville avec mon fils de deux ans sur le dos, dans un porte-bébé, et ma fille de quelques mois au creux de mes bras. Heureux d'avoir la charge de ces deux êtres et fier comme un jeune papa, je suis surpris par les regards qui se tournent vers nous. Au lieu de l'indifférence habituelle des passants, je perçois de la tendresse.

Je suis conscient que celle-ci ne m'est pas destinée – ce sont bien mes enfants qui l'ont suscitée –, mais j'en tire une conclusion : il y a en nous des réserves de tendresse, en sommeil sous nos interactions quotidiennes, que les enfants ont la capacité d'activer.

C'est une chance qu'ils nous offrent, car il n'y a pas tant d'occasions d'exprimer sa tendresse dans un quotidien d'adultes. Que cela fait du bien, pourtant, de faire appel à cette part essentielle de nous-mêmes ! Je le mesure semaine après semaine, chaque fois que je me penche vers un enfant de l'école que j'ai créée alors qu'il est en train de me parler.

Je pose ma main sur son épaule pour lui signifier à quel point sa personne et sa présence sont importantes pour moi.

« VIVRE SANS TENDRESSE, NON, ON NE LE POURRAIT PAS[1] ! »

Au-delà de la chanson interprétée par Bourvil, c'est la découverte du travail de Don Bosco qui a le plus nourri ma réflexion sur l'importance de la tendresse. Ce religieux italien du XIXe siècle a laissé une trace dans l'histoire de l'éducation, en tant que fondateur de plusieurs institutions pour des jeunes livrés à eux-mêmes, dans les banlieues de Turin, mais aussi et surtout par la force de sa pédagogie, qui inspire encore aujourd'hui de nombreux établissements scolaires dans le monde. Même sans se sentir proche du christianisme, on trouve des trésors dans son approche de l'éducation.

J'ai été particulièrement touché par la place qu'il accorde à la « douceur », alors même que le XIXe siècle était plutôt propice à la brutalité éducative et qu'il s'occupait de jeunes qui seraient aujourd'hui qualifiés de « délinquants » ou « prédélinquants[2] ».

1. *La Tendresse* est une chanson française dont le texte a été écrit par Noël Roux et la musique composée par Hubert Giraud. Bourvil est son interprète le plus connu.
2. Pour une présentation de la pédagogie de Don Bosco, voir *La Pédagogie de Don Bosco en douze mots-clés,* de Jean-Marie Petitclerc (Salvator, 2016). L'auteur est lui-même un « praticien » de cette pédagogie, en tant qu'éducateur spécialisé, ce qui donne au livre une dimension pragmatique, précieuse pour le quotidien de parent.

La douceur était essentielle à ses yeux pour bâtir une relation de confiance et ne représentait pas une menace pour l'autorité de l'adulte. Aujourd'hui comme hier, elle peut être combinée avec une fermeté tout aussi nécessaire.

Et la tendresse dans notre rôle de parent ou d'éducateur ?

Alors que les abus sexuels sur enfants sont de plus en plus dénoncés, placer notre attention sur la tendresse – avec ce qu'elle peut malheureusement porter de sous-entendus – peut provoquer chez certains un malaise. Nous ne devons pas pour autant nous interdire de cultiver une forme saine de tendresse, dont les enfants ont besoin, et qui nous fait grandir en tant qu'adultes.

De ce point de vue, j'ai été souvent émerveillé par la tendresse déployée par les institutrices de l'école que j'ai fondée, La Forêt des Lucioles. Cette qualité ne pouvait pas figurer sur la fiche de poste lors du recrutement, mais je l'avais à l'esprit !

Oui, il est légitime et même essentiel de cultiver toute la tendresse dont nous sommes capables, et de l'exprimer chaque fois que notre cœur nous indique que cela est approprié.

Depuis que je m'occupe régulièrement d'enfants (les miens et ceux de La Forêt des Lucioles), je me pose deux questions à ce sujet :

- Pourquoi ne pas en faire davantage usage dans notre quotidien envers les enfants dont nous avons la responsabilité ?
- Serait-il possible d'en faire profiter plus de personnes au-delà même de ce premier cercle, en puisant dans ces réserves que les enfants viennent révéler et faire croître ?

Apprenons à considérer notre tendresse comme une qualité essentielle – et même une force – que nous possédons mais utilisons trop peu, et que nous pouvons faire rayonner plus largement !

MANIFESTER DAVANTAGE NOTRE TENDRESSE AU QUOTIDIEN

Notre capacité de tendresse est souvent activée par les enfants. Mais ce n'est pas toujours le cas. En effet, certains enfants n'éveillent pas en nous de tendresse particulière. Par ailleurs, même ceux que nous chérissons le plus nous font sortir de nos gonds à intervalles réguliers, et c'est alors l'agacement ou la colère qui dominent. Enfin, le rythme de la vie quotidienne crée une pression qui comprime notre tendresse : difficile d'imaginer la déployer alors qu'il y a tant à faire, entre travail et tâches domestiques.

Quand elle paraît absente en nous, il est précieux de savoir comment la manifester de nouveau, et, pour cela, d'en comprendre les ressorts.

LES RESSORTS DE NOTRE TENDRESSE

Quelle qualité trouvons-nous aux enfants qui vient réveiller la tendresse en nous ?

Serait-ce leur innocence ? Probablement pas, car quiconque passe suffisamment de temps avec des enfants connaît leur capacité à mentir, manipuler ou même parfois blesser. Ils sont capables du meilleur comme du pire, tout comme nous… et tout comme les adultes qu'ils deviendront.

Il semblerait que ce soit plutôt leur fragilité qui nous touche. La crainte que, sans nous, ils soient malmenés par la vie, directement exposés à la souffrance.

La fragilité que nous percevons chez l'autre, quel qu'il soit, proche ou inconnu, semble bien être l'une des clefs d'activation de notre tendresse. Imaginez par exemple votre compagnon ou votre compagne, ou un·e ami·e proche, gravement malade à un moment où votre relation traverse une période de fortes tensions. Votre tendresse pour cette personne ne prend-elle pas alors le dessus sur tout ressentiment ?

MOBILISER NOS RÉSERVES DE TENDRESSE

Cela a l'air miraculeux, et c'est pourtant tout simple : il est possible d'ouvrir en grand nos réserves de tendresse en se rappelant la fragilité de l'autre. Autrement dit, nous souvenir de la fragilité d'une personne aide à ressentir pour elle plus de tendresse, presque dans l'instant. Je vous propose d'en faire l'expérience.

EN PRATIQUE...

Une dose de tendresse inattendue

Pensez à un enfant de votre entourage que vous n'appréciez pas ou qui ne vous touche pas particulièrement Fermez les yeux et imaginez qu'il est là, à vos côtés. Laissez se former en vous une image de son visage, puis de son regard.

Essayez maintenant de ressentir intérieurement sa fragilité. À quel point cet enfant serait démuni sans le soutien des adultes qui l'entourent, à quel point il est dépendant de leurs encouragements.

Observez ensuite les sensations présentes dans votre corps. Il est probable qu'un élan de tendresse monte en vous en prenant ainsi mieux conscience de sa vulnérabilité.

CETTE TENDRESSE TOUJOURS POSSIBLE AU CŒUR DE LA COLÈRE

Faire jaillir en nous un « surcroît de tendresse » est possible même au cœur de la colère. Comme tout ce qui est délicat, cela demande toutefois un certain entraînement.

Peut-être avez-vous déjà expérimenté la technique d'éducation consistant à « contenir » un enfant en colère : le maintenir dans les bras afin de l'aider à sortir de sa colère en l'exprimant pleinement, tout en s'assurant qu'il ne fasse pas de dégâts autour de lui, pour lui-même ou pour les autres[1].

En échangeant avec d'autres parents dans le groupe de parole que j'anime, j'ai pu constater que cette façon de « contenir » était parfois plus appliquée comme une « compression » : emporté par son propre énervement, l'adulte a tendance à serrer plus fort que nécessaire, sans faire mal mais avec l'intention de « mater » ce petit être en rage qui se débat dans ses bras.

Avec cette prise de conscience, l'enjeu est de convoquer en soi plus de tendresse dans les moments de crise. Contenir avec fermeté et tenir un cadre, oui, mais en combinant cette fermeté avec la plus grande douceur possible. On peut par exemple imaginer faire circuler de la tendresse dans nos bras alors que nous contenons l'enfant, comme un flux d'énergie ou de chaleur. L'expérience se transforme alors de façon radicale : en mobilisant toute la tendresse dont nous sommes capables, un moment pénible devient une occasion de connexion privilégiée à l'enfant.

EXPÉRIENCE…

Insuffler de la tendresse dans un moment de crise

Identifiez un geste que vous pouvez associer à la tendresse ressentie pour votre enfant. Un geste que vous tendez par exemple à adopter dans les moments de grande proximité avec lui ou avec elle.

1. On trouve la présentation de cette approche notamment dans le livre d'Isabelle Filliozat *« J'ai tout essayé ! ». Oppositions, pleurs et crises de rage : traverser sans dommage la période de 1 à 5 ans* (JC Lattès, 2011).

Au cœur d'une crise, quand vous sentez que la colère monte en vous et qu'il est temps d'affirmer vos limites avec fermeté, répétez ce geste. À titre d'exemple, il peut s'agir de placer votre bras autour de ses épaules tout en lui rappelant la règle qu'il a enfreinte.

Sentez comme ce geste mobilise immédiatement un surcroît de tendresse, mais que celle-ci ne fait pas obstacle pour poser les limites nécessaires. Vous pouvez juste le faire de façon apaisée.

J'ai pour ma part souvent échoué à trouver cette combinaison de force et de douceur, mais la satisfaction profonde ressentie chaque fois que j'y suis parvenu m'a confirmé l'importance de l'entraînement.

SE PRÉPARER À LA MANIÈRE D'UN SPORTIF

Il y a des périodes de la vie de nos enfants (notamment le cap de l'opposition vers l'âge de deux ou trois ans, puis celui de l'adolescence) pendant lesquelles il est probable qu'une crise au moins se produise par jour. Autant de moments pour s'entraîner à donner le meilleur de nous-mêmes !

Au cœur des compétitions, les sportifs de haut niveau connaissent eux aussi de tels moments clefs. Beaucoup utilisent une forme de préparation mentale afin de mobiliser toutes leurs ressources à l'instant précis où c'est nécessaire.

Dans le champ de l'éducation, ce type de préparation peut être tout aussi bénéfique afin de rassembler, avant qu'une crise survienne, toute la tendresse dont nous sommes capables.

Le matin, il est ainsi possible de consacrer quelques minutes à l'intention de faire appel à notre tendresse en cas de crise. Poser une intention peut paraître dérisoire, mais on constate très vite à quel point nos comportements sont façonnés par nos intentions, tout comme le corps d'un serpent suit le passage emprunté par la tête.

Dans le cas de jeunes enfants, la préparation mentale peut aussi consister à prendre quelques minutes avant leur réveil pour « répéter » le geste de les contenir dans nos bras tout en imaginant notre tendresse circuler dans ce cercle. Celle-ci a alors plus de chances d'être présente en nous lors des moments de crise plus tard dans la journée.

Un entraînement régulier est une forme de prévoyance, comme celle qui nous amène à acheter des vêtements chauds avant les grands froids !

EN PRATIQUE...

Rassembler par avance la tendresse dont vous êtes capables

Repensez au geste qui vous aide à mobiliser votre énergie de la tendresse, identifié lors de l'expérience précédente.

Si l'un des enfants dont vous avez la responsabilité traverse une période difficile, et est susceptible de provoquer régulièrement une situation de crise, prenez quelques minutes au début de chaque journée pour déposer en vous l'intention de faire appel, si nécessaire, à toute la tendresse dont vous êtes capable.

Pour ancrer davantage cette intention, répétez le geste choisi en imaginant que l'enfant est à côté de vous, en pleine crise.

L'exercice se termine dès que vous sentez l'énergie de la tendresse circuler en vous. Prenez quelques instants pour savourer pleinement cette sensation. Elle fait vraiment du bien !

Vous voici prêt·e pour la journée qui commence, en espérant qu'aucune crise ne se déclenche mais avec la sérénité d'être mieux préparé·e.

Ces temps de pratique ont aussi le mérite de nous mettre davantage au contact de notre tendresse et de nous pousser à en faire un usage plus régulier. Celle-ci devient alors une force sur laquelle nous pouvons compter.

ÉTENDRE NOTRE TENDRESSE AU-DELÀ DU CERCLE DE NOS ENFANTS

Les enfants nous font le cadeau de nous amener à découvrir l'ampleur de notre tendresse. Celle-ci peut alors être partagée dans un cercle plus large.

Nous sommes progressivement invités à un autre mode de présence au monde. L'invitation du poète allemand Hölderlin était d'« habiter poétiquement le monde » ; celle des enfants semble être d'habiter le monde avec tendresse.

Cela peut vous paraître excessif, peut-être même ridicule, en pensant aux multiples formes de la vie sociale (la vie professionnelle notamment) dans lesquelles la tendresse ne semble avoir aucune place. Il faudrait rester réaliste, tout de même !

Tout dépend en fait de notre définition de la tendresse, et de notre façon de l'exprimer. Il existe tant de modes d'expression, plus ou moins subtils.

Finalement, qu'est-ce que la tendresse ? Et si cela consistait aussi à porter sur l'autre un regard qui voit à la fois sa vulnérabilité et sa beauté ? Chez les grandes figures du monde de la sagesse que j'ai rencontrées, mais aussi sur les photos de maîtres de sagesse du passé, c'est ce même regard que j'ai souvent trouvé. Un regard qui nous accueille comme nous sommes et qui en même temps nous fait grandir.

Au-delà des caresses et des étreintes, il y a aussi de petits gestes d'une grande tendresse, même s'ils paraissent insignifiants à des observateurs.

Un exemple m'a marqué il y a quelques années. À l'invitation du mouvement dont le moine zen américain Bernie Glassman, auteur de *L'Art de la paix*, était l'initiateur, j'ai effectué plusieurs « retraites de rue[1] ». Ce sont

1. Voir *L'Art de la paix*, de Bernie Glassman (Albin Michel, 2000), pour en savoir plus sur les « retraites de rue ». À noter que chaque participant s'engage au début de la retraite à faire un don à une association d'un montant qui dépassera forcément celui de la somme collectée lors des temps de mendicité.

des retraites pendant lesquelles les participants sont invités à passer trois jours à la rue dans une grande ville, sans argent. L'intention est de se rapprocher des conditions de vie de ceux qui sont dans une grande précarité. Parmi les moments forts figurent les temps de mendicité, demandés aux participants chaque jour. Un matin, après avoir essuyé une trentaine de refus – assez rugueux pour la plupart –, je me suis retrouvé comme un boxer roué de coups. J'étais tellement ébranlé par cette expérience que j'ai dû m'accroupir sur un trottoir. Je savais pourtant que l'argent à collecter n'avait pas pour moi une fonction vitale (je pouvais me passer de manger dans la journée). Mais l'indifférence ou l'hostilité des passants semblait avoir effacé ma valeur en tant que personne.

Peu après m'être relevé, j'ai rencontré un homme qui m'a répondu : « Désolé, je n'ai rien pour vous », tout en posant une main sur mon épaule. Je n'oublierai jamais ce geste de tendresse, discret mais intense. J'ai senti ma force vitale reprendre de la vigueur. Ma dignité était de nouveau reconnue.

La puissance de cette main posée sur l'épaule m'a tant marqué que j'ai essayé de pratiquer à mon tour auprès de personnes à la rue, d'enfants de mon entourage, d'amis et même de collègues de travail. Cela a représenté un effort au début. Je ne suis pas issu d'une famille très « tactile », et j'ai longtemps éprouvé un mélange d'étonnement et d'envie devant les scènes de retrouvailles dans les aéroports, quand les embrassades durent de longues minutes.

Bien que le toucher ne soit pas mon fort, j'ai toutefois découvert qu'une main posée sur l'épaule est toujours pour moi de l'ordre du possible, de même qu'un regard empli d'une tendresse discrète. Je tente même régulièrement d'en insuffler dans les dédicaces que j'écris pour mes livres, en prenant quelques instants pour ressentir ce que je trouve beau ou ce qui me touche chez la personne en face de moi. Les champs d'application de la tendresse semblent infinis !

EN PRATIQUE...

Les modes d'expression de votre tendresse

Certains auteurs ont identifié plusieurs façons d'exprimer l'amour – et de le ressentir. Ces modalités varient d'une personne à l'autre, de sorte qu'il est bien utile de connaître les différents « langages de l'amour ».

Dans son livre *Les Langages de l'amour*[1], Gary Chapman nous invite à distinguer cinq façons possibles d'exprimer notre amour :

- prononcer des paroles valorisantes ;
- proposer un moment de qualité ;
- faire un cadeau ;
- rendre un service ;
- se connecter avec le toucher.

Pour chacune et chacun d'entre nous, la préférence va à une ou deux de ces modalités tandis que les autres sont secondaires. Qu'en est-il pour vous ?

1. Gary Chapman, *Les Langages de l'amour* (Farel, 2015). Il existe aussi une version de ce livre consacrée aux relations avec les enfants : *Les Langages d'amour des enfants* (Farel, 2016).

La même logique peut ensuite être adoptée pour identifier la forme la plus simple et naturelle d'exprimer votre tendresse :

- Est-ce avant tout par des gestes ?
- Par des regards ?
- Par des actes de service ?
- Par des mots ? (Si oui, à l'oral ou bien par écrit ?)
- Ou par d'autres moyens encore ?

La réflexion mérite d'être poursuivie pour identifier les modalités préférées des personnes à qui nous voulons exprimer notre tendresse. Leurs préférences ne sont pas forcément les mêmes que les nôtres !

Il s'agit alors de faire un effort conscient pour recourir aux modes d'expression qui les touchent le plus au lieu d'utiliser uniquement ceux que nous préférons.

L'ENFANT CACHÉ DANS UNE PERSONNE QUI PARAÎT HOSTILE

Vers qui pouvons-nous déployer peu à peu cette tendresse que les enfants ont contribué à révéler en nous ?

C'est relativement facile avec certaines personnes : les membres de notre famille dont nous nous sentons le plus proches et nos amis, ou encore les collègues que nous apprécions particulièrement. Dans d'autres cas, en revanche, c'est plus compliqué : il y a ceux qui nous agacent, ceux qui nous semblent indifférents, hostiles, ou encore fermés à la communication.

Pourtant, tout change quand nous imaginons ces personnes lorsqu'elles étaient enfants. Les transports en commun sont des lieux parfaits pour s'y entraîner. Par exemple, le vieil homme assis en face de vous et qui paraît si bougon était encore un enfant il n'y a pas si longtemps. Tout comme cette femme de l'autre côté de l'allée qui a l'air tendue et agitée.

Tous deux étaient fragiles et vulnérables il y a une poignée de décennies – ce qui n'est pas grand-chose sur l'échelle de l'histoire ! Adultes, ils le sont probablement encore, au moins en partie.

En observant avec attention, ce n'est pas de la pitié qui monte en vous avec cette prise de conscience, mais bien une forme de tendresse. Si l'agacement ou l'envie de rester à distance ne disparaissent pas, au moins le regard se modifie-t-il un peu. Quelque chose en vous se transforme : vous voyez cette personne différemment et votre capacité de tendresse s'active. Il se peut que l'autre n'en perçoive rien – encore que nous ne puissions jamais tout à fait mesurer l'effet de notre regard –, mais l'expérience est déjà précieuse pour vous.

EXPÉRIENCE…

Retrouver le visage de l'enfant chez un adulte

Choisissez une personne de votre entourage dont vous ne vous sentez pas vraiment proche et qui ne paraît pas vous apprécier, sans pour autant qu'il y ait d'inimitié ou de conflit.

Imaginez qu'elle est là, à côté de vous ou devant vous. Laissez son visage se dessiner dans votre esprit. Puis faites apparaître son visage lorsqu'elle était enfant. Un petit effort d'imagination suffit en général ! Une fois l'image de l'enfant formée en vous, prenez le temps d'observer ce que vous ressentez maintenant pour cette personne.

Si vous êtes en froid avec vos parents, cette expérience peut prendre une pertinence particulière en les choisissant comme partenaires de pratique. Eux aussi ont été enfants avant de devenir parents, avec une fragilité qu'ils portent encore en eux.

Si l'expérience vous plaît, vous pouvez la répliquer dans les transports en commun, ou en observant les passants dans un lieu public. Toutes ces personnes peuvent être imaginées lorsqu'elles étaient enfants… et peuvent vous aider à entraîner votre tendresse !

L'apprentissage de la tendresse au contact des enfants semble sans limites, riche de nouvelles découvertes à chaque étape. Mais il n'y a pas que la tendresse dans la vie ! Parmi tout ce que les enfants ont à nous apprendre, il y a aussi la clarification des formes d'amour que nous sommes invités à expérimenter à leur contact.

CHAPITRE 6

CULTIVER DE NOUVELLES FORMES D'AMOUR

Imaginez un instant qu'un·e ami·e, invité·e chez vous, se permette de critiquer la qualité des repas, lance des paroles désagréables – par exemple qu'il ou elle n'aime pas quelque chose chez vous –, ignore certaines de vos recommandations, et se désintéresse de ce que vous lui montrez.

Votre seuil de tolérance est dépassé ! Il est probable que, même si vous appréciez beaucoup cette personne, vous déciderez tôt ou tard de prendre vos distances. La relation commencera alors à s'étioler et cet·te ami·e disparaîtra peu à peu de votre vie.

Une dissolution complète du lien se produit rarement dans les relations entre parents et enfants : les enfants ont beau tester les limites de notre amour par des comportements qui nous choquent ou nous mettent hors de nous, nous ne renonçons pas à les aimer du mieux possible.

Il semble y avoir des exceptions. Je pense par exemple à un homme, âgé de quatre-vingt-dix ans, que j'ai rencontré plusieurs fois dans le cadre de ma mission bénévole d'accompagnement de personnes en fin de vie. Il m'expliquait qu'il ne reverrait probablement pas son fils unique avant sa mort. Tout les séparait. Pas de centres d'intérêt communs, pas la moindre complicité. C'était un constat posé, lucide, sans émotion apparente. Pourtant, derrière les mots posés de façon neutre, je sentais une forme de tristesse. Était-ce uniquement la mienne que je projetais ? Je n'en suis pas sûr. Il me semblait lire dans son regard un regret diffus mais profond. Comme une blessure négligée depuis longtemps et jamais cicatrisée, de même nature que celle que j'ai perçue, plus ou moins vive, chez d'autres parents qui ont rompu les liens avec leurs enfants.

Il y a de nombreuses formes d'amour, et pourtant un seul mot pour toutes les désigner. On aime un chien, les tartes aux fraises, la course à pied, un homme, une femme… ou un enfant. Or, l'amour auquel les enfants nous appellent est parmi les plus exigeants.

Afin de profiter de toute la richesse qu'offrent les relations avec les enfants, il est essentiel d'apprendre à bien distinguer les différentes façons d'aimer. Cela demande un peu d'attention, mais les fruits récoltés sont à la mesure des efforts.

Pour nous aider, plusieurs auteurs dans l'histoire de la pensée ont dressé une cartographie des formes d'amour. J'aime en particulier l'échelle proposée par le philosophe et théologien Jean-Yves Leloup, qui va de la forme la plus élémentaire à la forme la plus pure[1].

1. Pour plus d'informations sur cette « échelle de l'amour » proposée par Jean-Yves Leloup, voir son livre coécrit avec Catherine Bensaïd *Qui aime quand je t'aime ? De l'amour qui souffre à l'amour qui s'offre* (Pocket, 2011).

Échelle des formes d'amour proposée par Jean-Yves Leloup

10	*agapè*	amour gratuit	l'Amour qui fait tourner la terre, le cœur humain et les autres étoiles – ce n'est pas seulement moi qui aime et qui t'aime, c'est l'Amour qui aime en moi
9	*charis*	amour célébration	Je t'aime parce que je t'aime – c'est une joie – c'est une grâce d'aimer et de t'aimer – je t'aime sans condition – je t'aime sans raison
8	*eunoia*	amour dévouement	J'aime prendre soin de toi – je suis au service du meilleur de toi-même
7	*harmonia*	amour harmonie	Que c'est beau la vie quand on aime – nous sommes bien ensemble – avec toi tout est musique – le monde est plus beau
6	*storgè*	amour tendresse	Je suis meilleur(e) que moi-même quand tu es là – j'ai beaucoup de tendresse pour toi – je suis heureux(se) que tu sois là
5	*philia*	amour amitié	Je te respecte – je t'admire – j'aime ta différence – je suis bien sans toi – je suis mieux avec toi – tu es mon (ma) meilleur(e) ami(e) – j'aime être avec toi – tu me fais du bien
4	*eros*	amour érotique	Je te désire – tu me fais jouir – tu es belle – tu es beau – tu es jeune
3	*mania* *pathè*	amour passion	Je t'aime passionnément – je t'ai dans la peau – tu es à moi, rien qu'à moi – je t'aime comme un fou, je ne peux pas me passer de toi
2	*pothos*	amour besoin	Tu es tout pour moi – j'ai besoin de toi – je t'aime comme un enfant
1	*porneia*	amour appétit	Je te mangerai – je t'aime comme une bête

Les enfants – et particulièrement les nôtres – activent deux types d'amour, aux extrémités de l'échelle :

- Une forme immédiatement accessible, brute et spontanée. L'amour est alors un besoin. Il est possessif par nature, et mène souvent à des tensions.
- Une forme plus difficile à atteindre mais qui élève et procure la satisfaction la plus profonde : l'amour gratuit, sans conditions (*agapè,* concept grec).

Il n'y a pas à choisir entre ces deux formes d'amour. Il s'agit avant tout de devenir plus conscient de ce qui fait leurs différences.

Si nous suivons l'invitation de nos enfants à faire grandir notre capacité à aimer, d'autres en bénéficieront aussi. De même que le soleil qui se lève éclaire et réchauffe de plus en plus loin, notre capacité à aimer nous ouvre à un autre rapport aux autres et au monde. Nous sommes plus à même d'en cultiver les plus belles modalités et d'en faire profiter celles et ceux que nous côtoyons au-delà du cercle étroit de nos proches.

Une telle évolution a été pour moi une découverte. J'avais parfois craint que ma capacité d'amour – déjà bien limitée – ne devienne exclusive si j'avais des enfants. Je voyais dans la création d'une famille un risque d'enfermement, en lui réservant toute mon attention. C'est le contraire qui s'est produit : j'ai expérimenté une ouverture progressive du cœur vers un nombre croissant de personnes.

Ce cheminement, fait d'obstacles et d'impasses apparentes, n'est jamais terminé. Notre capacité à aimer apparaît souvent bien faible, fragile, inadéquate. Comme le dit Jean-Yves Leloup, « l'amour est ce pays où on n'arrive jamais »[1]. Quelle satisfaction pourtant chaque fois que nous nous en approchons et que nous aimons un peu mieux, ou un peu moins mal !

ENTRE AMOUR POSSESSIF ET AMOUR SANS CONDITIONS

Parmi les formes les plus brutes sur l'échelle de l'amour se trouve l'amour possessif : l'enfant qu'on aime nous « appartient », son succès est notre succès, et son échec notre échec.

Dans les moments où ses comportements ne se conforment pas à nos attentes, ce sont souvent des émotions fortes qui se manifestent en nous : colère, tristesse ou abattement. Et parfois notre amour vacille, même si ce n'est que l'espace d'un instant.

La meilleure preuve que cette forme d'amour est en jeu dans la relation avec nos propres enfants, c'est la façon dont nous réagissons lorsque des enfants qui ne nous « appartiennent » pas ne répondent pas à nos attentes.

1. Citation extraite des entretiens entre Jean-Yves Leloup et Sébastien Henry intitulés « Célébrer la vie », à retrouver dans les « Odyssées de la conscience » de Jean-Yves Leloup (www.elearning.jeanyvesleloup.eu)

Nous sommes alors moins susceptibles d'être entraînés dans la colère, plus enclins à un recadrage patient, comme vous pourrez le constater dans l'expérience ci-dessous.

EXPÉRIENCE :

Le revers de l'amour possessif

Imaginez la scène suivante : un repas rassemble des membres de votre famille et/ou des amis avec une flopée d'enfants.

Les uns encourageant les autres, ils se mettent vite à s'agiter (manger salement, parler trop fort ou se lever sans arrêt). Observez l'agacement qui monte, ou même la colère, jusqu'au moment où vous intervenez pour rétablir l'ordre. Sentez la différence de traitement envers vos enfants et ceux des autres : la colère à l'intérieur de vous n'est probablement pas de même intensité. C'est envers vos enfants que vous la ressentez de façon la plus vive.

Ne vous font-ils pas en effet courir le risque d'être jugé·e comme un parent qui n'est pas à la hauteur ? Ces enfants bruyants et sans savoir-vivre ne seraient-ils pas, après tout, les fruits d'une mauvaise éducation ?

C'est votre identité de « bon parent » qui semble menacée...

L'amour possessif nous pousse à éprouver des émotions plus vives, avec une posture souvent plus rigide, parfois même agressive.

À l'autre extrémité de l'échelle, il est un amour qui ne pose pas de conditions : quels que soient les comportements de notre enfant, nous sentons que notre amour sera toujours présent.

Quand notre amour se rapproche de cette forme, nous ne sommes plus embarqués par des vagues émotionnelles de même ampleur. Pour ma part, j'ai été touché par ce que je ressentais au cœur des moments difficiles de la relation avec mon fils : malgré l'intensité des tensions, je parvenais toujours à voir en lui une immense lumière. J'avais conscience que le lien entre nous serait aussi précieux qu'indestructible jusqu'à l'heure de ma mort.

Cet amour-là sait toujours donner une nouvelle chance.

Le travail de Carl Rogers a apporté à ce sujet une contribution importante, en insistant sur la notion de « regard positif inconditionnel[1] ». Pour le psychologue américain, nous pouvons condamner des actes avec toute la fermeté nécessaire sans condamner la personne qui est derrière ces actes. Et nous restons capables de percevoir ce qu'il y a de plus beau chez elle.

Je me souviens d'avoir découvert l'approche de Carl Rogers alors que j'étais bénévole pour une association étudiante organisant des cours en prison. À tout juste vingt ans, j'avais été affecté à une prison réservée à des détenus purgeant

1. Pour une présentation claire du travail de Carl Rogers, voir l'ouvrage *Carl Rogers – Être vraiment soi-même. L'approche centrée sur la personne,* de Geneviève Odier (Eyrolles, 2012). Pour plonger directement dans son œuvre, voir *Le Développement de la personne* (InterÉditions, 2018), l'un de ses principaux livres.

de longues peines, coupables de crimes parfois révoltants. L'invitation à une acceptation inconditionnelle m'a permis de poser un autre regard sur eux. Cette acceptation est restée depuis comme un idéal en moi, dont je me tiens encore souvent trop loin, mais qui continue de rayonner…

A contrario, j'ai recueilli des témoignages de brouilles durables entre parents et enfants qui ont été provoquées par des paroles jamais acceptées ou pardonnées. L'acceptation inconditionnelle est un immense défi !

MONTER ET DESCENDRE L'ÉCHELLE TOUT EN EXPLORANT LES ÉCHELONS INTERMÉDIAIRES

Les deux formes d'amour activées par les enfants (amour possessif et amour sans conditions) coexistent en nous, et nous passons de l'une à l'autre au fil des jours. Nous ne cessons de monter et de descendre l'échelle, souvent au cours d'une même journée.

Rêver de bannir l'amour possessif de sa vie n'est guère réaliste. Cette forme d'amour semble ancrée en profondeur, plongeant ses racines dans le fait que cet enfant est né de notre propre chair. Le *nôtre*, donc.

Il reste heureusement possible de progresser dans trois directions :

- devenir plus conscients des moments où l'amour possessif domine en nous ;

– favoriser les occasions dans lesquelles un amour sans conditions a une chance de se déployer ;
– laisser un espace pour cultiver une forme intermédiaire d'amour souvent méconnue dans les relations avec les enfants : l'amitié (*philia* dans l'ancienne culture grecque).

En pratique :

Où vous situez-vous sur l'échelle de l'amour ?

Prenez quelques instants, à différents moments de la journée, pour vous demander où vous vous trouvez sur l'échelle de l'amour.

Pour vous aider, faites le point sur votre état intérieur, et en particulier sur les émotions présentes, en général de bons indices. Y a-t-il des tensions en vous, de l'agacement, de la colère, ou au contraire de la joie, de la sérénité ?

Faire un simple constat du point où vous vous situez est déjà une étape essentielle. La suite de ce chapitre proposera des clefs pour se déplacer sur l'échelle dès que nous le jugeons nécessaire.

CULTIVER L'AMITIÉ ENVERS NOS ENFANTS

Lorsque je me suis engagé, il y a dix ans, dans l'aventure de la paternité, j'ai consulté quantité d'ouvrages écrits par des experts de l'éducation et par des personnes qui avaient vécu cette aventure avant moi. Je voulais profiter de leur expérience.

J'ai retenu assez vite un message central : être parent, ce n'est pas être un ami. Il y a une autorité à exercer, que tout enfant a besoin de sentir.

L'aspiration à cultiver une amitié avec mes enfants, que je portais en moi de façon assez imprécise, a donc été mise de côté au début. Dix ans après, pourtant, cette aspiration est toujours là, plus présente que jamais, et surtout beaucoup plus précise.

Oui, un enfant a besoin de sentir une autorité qui va le rassurer. En même temps, cette autorité n'exclut pas l'amitié dans le sens le plus noble du terme. Une amitié qui ne fait pas de l'autre une possession mais pose comme intention première de l'aider à grandir, à trouver sa juste place dans la société, et à gagner en autonomie afin de découvrir à son rythme les merveilles de la vie.

Pour avoir fait beaucoup d'alpinisme quand j'étais plus jeune, j'ai eu l'occasion de connaître des guides de haute montagne dont les visages les plus chaleureux me reviennent ici à l'esprit : ils savaient être fermes quand il y avait du danger, tout en offrant une belle complicité – même silencieuse – et en partageant le plaisir de progresser vers les sommets.

Pourquoi un parent ne pourrait-il pas être aussi un ami ? Pourquoi cela ne pourrait-il pas être aussi le cas pour un professeur ?

Aujourd'hui, je refuse avec conviction de mettre de côté mon idéal d'amitié avec mes enfants, avec les enfants de l'école que j'ai créée, et plus largement avec les enfants dont je croise régulièrement le chemin.

Il y a dans l'amitié une atmosphère précieuse que l'on ne trouve pas dans d'autres formes d'amour : une attention délicate à ce qui compte pour l'autre, en se tenant à juste distance, un profond respect pour sa personne qui invite à ne jamais imposer sa propre présence… Et un plaisir à partager des moments de communion profonde.

Deux amis se comprennent souvent sans mots, avec la conscience de grandir l'un auprès de l'autre. Pour certains philosophes, c'est même avec l'amitié que l'on grandit le plus et que l'on devient soi-même[1].

Je suis aujourd'hui convaincu que la saveur de l'amitié peut enrichir considérablement les relations avec les enfants, comme une épice savamment choisie et dosée peut enchanter un plat.

Une objection me traverse parfois l'esprit : les enfants seraient trop jeunes pour être de vrais amis. Il manquerait la réciproque dans la mesure où ils ne pourraient pas m'apporter

1. Beaucoup de livres ont été écrits sur l'amitié, je recommande particulièrement celui du philosophe Fabrice Midal, *Hommage à l'amitié* (Le Pré aux Clercs, 2008), à la fois concis et riche en illustrations et citations.

autant que ce que je peux leur transmettre. Peut-être est-ce juste que je ne suis pas encore assez attentif à leurs richesses, aux enseignements que je pourrais tirer de leur regard sur la vie ?

Pourquoi d'ailleurs la réciproque serait-elle nécessaire ? Il y a des amis qui, en raison de leur expérience de la vie, savent ne pas l'exiger, et font don d'un peu de leur temps et de leur présence. Cela a été le cas pour moi avec différents maîtres de sagesse, que je pourrais qualifier d'« amis spirituels[1] ».

Quelle que soit l'amitié que nous pouvons cultiver envers les enfants, nous n'échapperons pas pour autant, quand il s'agit des nôtres, à l'alternance entre amour possessif et amour inconditionnel. Nous devons probablement accepter le fait que ces deux formes cohabiteront toujours en nous, tout en saisissant les occasions d'insuffler une dose d'amitié.

EXPÉRIENCE :

Une pincée d'amitié

Lorsque votre enfant, ou l'un des enfants dont vous avez la responsabilité, vient tester les limites que vous avez fixées, sentez en vous l'aspiration à faire preuve d'autorité. C'est normal, vous êtes dans un rôle d'éducateur.

1. *L'Ami spirituel* (La Table ronde, 1996) est le titre d'un livre d'Arnaud Desjardins, grande figure du monde de la sagesse, décédé en 2011. J'aime cet idéal, incarné par les maîtres de sagesse, du don de son temps et de sa présence au service d'une personne qui cherche son plus beau chemin.

S'il s'agit de votre enfant, sentez aussi la présence en vous d'une dose d'amour possessif. Cet enfant est le vôtre, et il n'est pas question qu'il dépasse les bornes.

Alors que vous cherchez les mots et les gestes appropriés, faites l'expérience de rassembler aussi en vous une dose d'amitié, de *philia*. Si cet être était un ami, que lui diriez-vous ? Quel ton utiliseriez-vous ?

Même nos meilleurs amis dépassent parfois les bornes, après tout…

Observez comment ce petit travail intérieur donne une autre tonalité à votre intervention pour exercer votre autorité. Ce ne seront probablement plus tout à fait les mêmes mots ni les mêmes gestes.

Lorsque nous équilibrons mieux l'amour possessif et l'amour inconditionnel dans les relations avec nos enfants, et introduisons un peu plus de *philia*, c'est notre vie quotidienne auprès d'eux qui se transforme. Nous vivons moins de colères, de crispations, de moments de découragement… et plus de moments de grâce, d'intimité légère et joyeuse.

NOUS LAISSER « DÉPOSSÉDER » DE NOS ENFANTS

Il existe une attitude fondamentale pour ouvrir la voie vers plus d'amour inconditionnel et de *philia* : celle qui consiste à se laisser « déposséder » de ses enfants. C'est-à-dire rester conscients que, malgré les apparences, nos habitudes et la culture dans laquelle nous sommes immergés, nos enfants ne sont pas NOS enfants.

Nous sommes seulement chargés de les accompagner dans la vie, en les aidant à cheminer vers leur plus haute humanité, leur plus grande lumière.

C'est un message que l'on trouve fréquemment dans le monde de la sagesse. Il figure par exemple dans le livre *De l'éducation*[1], du sage indien Krishnamurti, et dans le célèbre texte *Le Prophète,* de Khalil Gibran :

> « Vos enfants ne sont pas vos enfants
>
> Ils sont les fils et les filles de l'appel de la vie à elle-même.
>
> Ils viennent à travers vous mais non de vous.
>
> Et bien qu'ils soient de vous ils ne vous appartiennent pas.
>
> Vous pouvez leur donner votre amour mais non point vos pensées
>
> Car ils ont leurs propres pensées.
>
> Vous pouvez accueillir leurs corps mais pas leurs âmes
>
> Car leurs âmes habitent la maison de demain, que vous ne pouvez visiter, pas même dans vos rêves.
>
> Vous pouvez vous efforcer d'être comme eux, mais ne tentez pas de les faire comme vous
>
> Car la vie ne va pas en arrière ni ne s'attarde avec hier.
>
> Vous êtes les arcs par qui vos enfants, telles des flèches vivantes, sont projetés.
>
> Que votre tension par la main de l'archer soit pour la joie[2] ! »

1. Jiddu Krishnamurti, *De l'éducation* (Albin Michel, 2012).
2. Extrait du *Prophète*, de Khalil Gibran (Le Livre de poche, 1996).

Dans certaines cultures – notamment chez la plupart des peuples d'Asie –, la réincarnation donne une perspective plus stimulante encore : les enfants sont des âmes qui viennent de loin (et repartiront loin de nous). Celles-ci nous sont confiées le temps d'une existence terrestre, et notre mission en tant que parents est d'en prendre le meilleur soin possible sans jamais verser dans l'illusion qu'elles nous appartiennent.

J'étais à l'origine plutôt hostile à cette idée de la transmigration des âmes, mais dix années passées en Asie ont fait évoluer mes croyances, au point que le prénom d'Alma (« âme » en espagnol) s'est imposé pour ma fille – avec l'accord bien sûr de sa maman. Sans avoir de certitude, j'aime imaginer qu'elle est, tout comme son frère, une petite âme ayant déjà traversé de multiples vies, porteuse d'une richesse humaine dont il serait impossible de faire l'inventaire.

Faites l'expérience d'envisager cette perspective quelques instants, comme vous mettriez des lunettes aux verres particuliers pour observer différemment un objet. Sentez-vous comme ce regard nouveau apaise immédiatement bon nombre de vos emportements possibles et de pressions exercées sur la vie d'un enfant ?

En se laissant « déposséder » pour prendre le rôle d'« accompagnateur d'âme », il devient possible de prendre plus de recul devant les comportements irritants des enfants. Notre réponse est tout aussi ferme, enracinée dans nos principes et nos convictions éducatives, mais notre état intérieur n'est pas le même.

Rares sont les moments, pour ma part, où je parviens à une telle posture, mais ils donnent une saveur extraordinaire et une dimension sacrée à ma vie de père.

EXPÉRIENCE :

Une petite âme venue de loin

Repensez à un moment de tension avec un enfant. Il ne se plie pas à votre volonté, résiste à votre autorité, et cela vous agace ou vous met en colère.

Tâchez de ressentir la palette des émotions qui sont alors présentes en vous. En plus de l'agacement ou de la colère, une part de culpabilité est susceptible d'apparaître (Qu'ai-je manqué dans l'éducation que j'ai donnée pour que cet enfant se comporte comme cela ?). Il se peut même que votre capacité d'amour soit ébranlée (Vais-je pouvoir continuer à l'aimer autant ?).

Imaginez maintenant que cet enfant est porteur d'une âme qui vient de loin et a traversé de multiples incarnations avant d'entamer une nouvelle vie dans votre famille.

Sentez alors comme votre regard change. Une patience monte des profondeurs, avec une détermination immense à trouver les mots et les gestes justes, au service de son épanouissement dans cette vie.

La perspective des « petites âmes » est-elle inconfortable pour vous ?

Il reste tout de même une chance de se laisser « déposséder » en douceur : imaginez que cet enfant vous a été confié temporairement par des amis proches, convaincus que vous allez en prendre le meilleur soin. Que se passe-t-il alors dans les moments de tension ?

N'êtes-vous pas finalement plus patient·e, attentionné·e, curieux·se de mieux comprendre cet enfant du moment qu'il n'est pas le vôtre ?

L'amour inconditionnel et la *philia* sont des trésors que l'on découvre quand la mer de l'amour possessif se retire.

UN REGARD ENRICHI SUR NOS RELATIONS ESSENTIELLES

Nos enfants sont donc de merveilleux partenaires pour faire grandir notre capacité à aimer : grâce à eux, nous avons une chance d'en cultiver les plus hautes formes, précisément parce qu'ils les mettent sans cesse à l'épreuve, nous amenant à « poser nos conditions ».

Ce ne sont pas toutefois nos seuls partenaires de pratique. Nous sommes même entourés de partenaires, dans notre couple, dans notre famille, dans les cercles de nos amis, et même parfois sur notre lieu de travail. Ces relations paraissent à première vue radicalement différentes de la relation filiale, mais elles contiennent aussi souvent une part d'amour possessif.

Notre partenaire est ainsi NOTRE partenaire, nos amis sont NOS amis, et nos collègues de travail préférés, NOS collègues de travail préférés.

Eux aussi viennent nous faire éprouver les limites de notre amour et de notre amitié, et le travail auquel nous ont conviés les enfants peut alors être en partie répliqué.

QUAND DEUX LIBERTÉS S'INCLINENT L'UNE DEVANT L'AUTRE

Nous avons croisé le chemin de ces personnes, et nous pouvons choisir comme mission de faire un bout de chemin avec elles, de les accompagner vers leur plus haute humanité, leur plus belle lumière.

Au lieu d'être des propriétaires (d'un mari, d'une femme, d'un ami), nous devenons des compagnons de chemin, avec l'intention de nous aider mutuellement à progresser, chacun à son rythme, chacun avec sa liberté.

Plus l'amour possessif est présent au cœur d'une relation, plus cette conversion du regard est difficile. Plus, également, celle-ci est nécessaire, car elle a le pouvoir de créer une nouvelle dynamique.

Prenons l'exemple d'une relation de couple. L'amour possessif y est souvent aussi intense que dans le cas des enfants. Si l'autre ne répond pas ou plus à nos attentes, nous sommes vite tentés de retirer notre amour.

Se découvrir « accompagnateur » plutôt que « propriétaire » ouvre une nouvelle perspective sur une relation, surtout dans les moments de tension. L'enjeu n'est plus seulement que mes attentes soient comblées, mais que nous progressions chacun un peu plus vers notre plus haute humanité, avec l'intention que la liberté de chacun s'incline devant celle de l'autre[1].

Les effets de ce changement de posture sont immédiats, même lorsque nous n'y parvenons que pendant de brèves périodes. Les travers et défauts de notre partenaire paraissent moins exaspérants. La relation retrouve une certaine légèreté, et même une dimension sacrée. Ce n'est pas rien d'accompagner le cheminement de quelqu'un vers sa plus belle lumière ; c'est même un privilège !

Comme dans le cas des enfants, l'amour inconditionnel *(agapè)* et l'amitié au sens le plus noble ont une chance de grandir quand l'amour possessif est mis à juste distance, sans dominer les autres formes possibles.

EN PRATIQUE :

Quelques pas de plus sur votre chemin

Prenez quelques instants pour bien identifier la personne pour laquelle ce travail de rééquilibrage de l'amour possessif et de l'amour inconditionnel a le plus de sens : votre partenaire de vie, un membre de votre famille, ou un·e ami·e très proche. C'est un travail d'orfèvre qui ne peut être étendu à tout le monde et il faut donc choisir pour s'entraîner.

1. J'emprunte cette expression à Jean-Yves Leloup. Elle se trouve dans le livre qui présente une bonne partie de ses enseignements sur l'amour, *Aimer… malgré tout* (Dervy, 1999), voir bibliographie en annexe.

La relation avec cette personne est peut-être en ce moment dans une phase difficile, et votre amour ne paraît plus aller de soi. Comment continuer à donner autant d'amour avec tout ce qui s'est passé, après ce qui a été dit ou ce qui a été fait ?

Prenez quelques minutes pour laisser opérer en vous les bienfaits de la « dépossession ». Ce n'est pas VOTRE partenaire ou meilleur·e ami·e. C'est une personne qui chemine tout comme vous dans la vie et dont vous avez croisé le chemin (si la perspective des réincarnations ne vous heurte pas, vous pouvez même imaginer que son âme vient de loin, après avoir traversé une longue série de vies).

Que cherche-t-elle au plus profond ?

Quels sont ses besoins les plus essentiels en ce moment dans sa vie ?

Comment l'aider dans sa quête ?

Sentez à quel point cela fait du bien de se poser ces questions. Il y a probablement une partie de vous qui s'apaise, et une envie croissante de prendre mieux soin de cette personne.

Et vous, que cherchez-vous au plus profond ?

Quels sont vos besoins essentiels ?

Comment cette personne peut-elle vous aider dans votre quête ?

Vous êtes deux êtres humains que la vie a placés côte à côte.

Comment les prochains pas dans votre relation vous permettraient-ils de vous aider mutuellement à progresser vers vos quêtes respectives[1] ?

Se sentir « accompagnateur » n'empêche pas de poser ses limites ni de prendre en compte et d'exprimer ses propres besoins. Au contraire ! On peut alors le faire avec plus de force et de conviction, car l'agacement, le ressentiment ou la colère sont moins présents.

Comme dans le cas des enfants, il ne s'agit d'ailleurs pas de prendre en toutes occasions la posture de l'accompagnateur. L'amour possessif, qui cherche avant tout à obtenir quelque chose de la personne « aimée », ne pourra probablement jamais être déraciné. Il y aura toujours des moments où, tyrannique, il reprendra le dessus, avec nos enfants comme avec les personnes qui nous entourent.

Cela sera alors toujours notre choix de savoir comment vivre ces instants. Comme de tristes échecs, ou bien comme des moments d'apprentissage essentiels sur notre chemin de vie ? Pour ma part, je choisis sans hésiter ce deuxième regard.

Cultiver un peu plus d'amour inconditionnel *(agapè)* ou d'amitié profonde *(philia)* envers quelques personnes essentielles de notre vie, n'est ce pas déjà formidable ?

1. Pour une telle réflexion sur les besoins profonds de chacun, l'apport de la Communication Non Violente (CNV) est très précieux. L'application de la CNV au champ de l'éducation sera abordée dans le prochain chapitre, mais les relations entre adultes sont également enrichies par cette approche. Voir *Les mots sont des fenêtres (ou bien ce sont des murs). Initiation à la Communication Non Violente* (La Découverte, 2016) pour la meilleure introduction possible à cette approche, par son créateur, Marshall Rosenberg.

UN AMOUR SURHUMAIN ?

L'amour inconditionnel n'est-il pas une forme d'amour hors d'atteinte, finalement surhumaine ? Ne plaçons-nous pas ainsi la barre trop haut, sans jamais pouvoir la franchir ?

Certaines traditions religieuses ont sur le sujet une réponse claire : il y a en nous une force d'amour qui nous dépasse, et dans laquelle nous pouvons puiser quand nous touchons nos limites humaines. Il s'agit de notre essence divine pour les religions du Livre (islam, christianisme, judaïsme) ou de notre « nature de Bouddha » pour le bouddhisme.

En d'autres termes, nous portons les germes d'une capacité d'amour plus puissante que nous l'imaginons, et nous pouvons apprendre à la manifester dans notre vie.

Sans faire référence au religieux, il est possible d'imaginer que nous n'avons pas encore découvert les plus hautes formes d'amour dont nous sommes capables. Pourquoi ne pas faire de cette exploration un idéal vers lequel progresser, avec la confiance que la plus belle partie de nous-mêmes a de multiples facettes, et que les enfants vont nous aider à les révéler ?

CHAPITRE 7

PRÉVENIR ET TRANSFORMER NOTRE VIOLENCE

« Mes gifles n'ont pu faire aucune mauvaise impression sur mes enfants parce que j'étais toute la journée au milieu d'eux avec toute la pureté de mon affection, et que je me dévouais entièrement à eux. Ils ne se trompaient pas sur l'interprétation de mes actes parce qu'ils ne pouvaient pas se tromper sur mon cœur[1]. »

L'auteur de ces lignes, Johann Heinrich Pestalozzi, est l'un des pédagogues occidentaux les plus célèbres. Il a consacré sa vie, au tournant du XVIIIe et du XIXe siècle en Suisse, à l'éducation d'enfants de familles paysannes pauvres. S'il a permis de grandes avancées vers la prise en compte des besoins des enfants dans l'éducation, en visant notamment à établir une « relation de cœur à cœur » avec eux, il vivait à une époque où les brutalités étaient

1. Johann Heinrich Pestalozzi, *Lettre de Stans*, p. 38-39 (Zoé, 1996). Ce court texte de 1799 est un témoignage passionnant de l'une des expériences éducatives menées par Pestalozzi auprès de jeunes orphelins dans un village ravagé par la guerre.

généralisées. Un tel témoignage n'aurait donc probablement pas choqué ses contemporains !

Les enfants font partie des victimes les plus fréquentes de la violence, notamment en raison de leur faiblesse face aux adultes. Le temps n'est pas loin où, en France par exemple, la violence physique à l'école de la part du corps enseignant était encore répandue et tolérée. Dans un livre intitulé *Oui, la nature humaine est bonne. Comment la violence éducative ordinaire la pervertit depuis des millénaires*[1], Olivier Maurel, président de l'Observatoire de la violence éducative ordinaire, en donne un aperçu accablant.

Si la violence à l'école est désormais étroitement surveillée dans la plupart des pays occidentaux, un grand nombre d'enfants continuent à être victimes de violences de la part des adultes. À l'échelle mondiale, selon un rapport de l'Unicef de 2015, quasiment deux tiers des enfants âgés de deux à quatorze ans font l'objet de violences physiques régulières[2]. En France, dans un sondage internet Harris Interactive conduit en 2017 auprès d'un millier

1. Olivier Maurel, *Oui, la nature humaine est bonne. Comment la violence éducative ordinaire la pervertit depuis des millénaires* (Robert Laffont, 2009). À noter que cette violence semblait toucher toutes les classes de la société, même les futurs rois. Voir le récit glaçant de l'éducation du futur roi Louis XIII par son médecin personnel, Jean Héroard, dans le livre de Madeleine Foisil *Journal de Jean Héroard, Médecin de Louis XIII* (Fayard, 1995).

2. Unicef, *Hidden in plain sight. A statistical analysis of violence against children*, 2015.

de Français majeurs, 22 % des personnes interrogées déclaraient avoir été victimes de maltraitances graves dans leur enfance[1].

FACE À LA « VIOLENCE ÉDUCATIVE ORDINAIRE »

Il est probable, si vous avez choisi de lire ce livre, que la violence ne fait pas partie de votre stratégie éducative de prédilection. Toutefois, le concept de « violence éducative ordinaire » – l'un des principaux apports du travail d'Olivier Maurel – invite chaque parent et éducateur à se questionner.

La violence éducative ordinaire est définie comme l'ensemble des moyens violents qui ont été et sont utilisés, tolérés et souvent recommandés pour faire obéir et pour éduquer les enfants.

Il ne s'agit pas uniquement de la violence physique, même si celle-ci en est la manifestation la plus évidente (Olivier Maurel observe que près de 70 mots existent en français pour décrire la manière de frapper). Il y a des mots qui font encore plus mal que des coups !

Quelle que soit sa forme, la « violence éducative ordinaire » est encore bien trop tolérée. Il s'agit d'un fléau méconnu, systématiquement sous-estimé, et souvent nié. Dans les différents pays où le phénomène a été étudié, les résultats des études sont toujours les mêmes : 80 à 90 %

1. Sondage accessible sur le site de Harris Interactive : www.harris-interactive.fr (« La maltraitance des enfants. Comment les Français se représentent-ils la maltraitance des enfants ? Dans quelle mesure y ont-ils déjà été confrontés ? »)

des enfants sont soumis à la violence éducative pratiquée dans leur pays[1].

Ce qui signifie logiquement qu'une grande majorité de parents y ont recours !

Voici la question que pose le travail d'Olivier Maurel à chaque parent : quels sont, parmi mes actes, ceux qui comportent une dose de violence ?

Je n'ai personnellement pas eu à me questionner longtemps. L'un de mes enfants a révélé en moi une violence que je ne connaissais pas et qui m'a abasourdi. Avant d'avoir moi-même des enfants, il était à mes yeux tout simplement inconcevable et inacceptable de frapper un enfant.

Cela reste le cas, sans aucune hésitation. J'ai toutefois connu ces moments où, poussé dans mes ultimes retranchements par la fatigue et l'usure, je me suis senti perdre pied, démuni pour faire cesser des comportements que je ne pouvais accepter. Ce fut le cas en particulier devant les coups répétés portés par mon aîné à sa petite sœur lorsqu'il avait entre trois et sept ans. J'avais beau comprendre que l'arrivée de cette dernière avait faire naître en lui une jalousie naturelle, la simple vue de ma fille hurlant sous les coups de son frère pouvait déclencher en moi une brutalité accablante.

Je parvenais le plus souvent à contenir cette violence, et à rappeler la règle de façon calme et ferme : pas de coups ! Pourtant, fatigué et tendu, il m'est aussi arrivé de donner une gifle ou une fessée à mon fils, et même de lui faire

1. Olivier Maurel, *op. cit.*, p. 43.

mal. Après chacun de ces épisodes, je me suis senti accablé de tristesse, avec la sensation qu'une pluie sombre et froide se déversait en moi sans discontinuer. Quelle absurdité de prétendre faire cesser la violence par la violence ! Rien ne pouvait justifier mes moments de brutalité. Aujourd'hui encore, il m'est extrêmement pénible d'écrire ces lignes, tant la honte est vive.

J'ai pris la décision de partager cette expérience par souci d'authenticité, et en souvenir de tous les parents qui m'ont parlé, de façon plus ou moins explicite, de leurs propres accès de violence avec les enfants dont ils avaient la responsabilité. Ils m'ont profondément touché. J'ai souvent retrouvé la même détresse que la mienne dans ces instants où ils perdaient pied et sombraient dans la partie la plus obscure d'eux-mêmes.

EN PRATIQUE :

Ces mots et gestes violents

Et vous ? Pouvez-vous identifier des moments, passés ou récents, où vous avez fait preuve de violence, physique ou verbale, envers un enfant ?

Pensez à un moment en particulier où cette violence vous a paru vraiment excessive.

Comment vous êtes-vous senti·e juste après ?

Comment vous sentez-vous aujourd'hui en y repensant ?

Les émotions éprouvées en se souvenant d'un tel épisode sont probablement désagréables, mais elles peuvent donner un élan pour agir afin de prévenir cette violence dans le futur.

CETTE VIOLENCE PRÉSENTE EN CHACUN DE NOUS

Pour le sociologue Charles Rojzman, fondateur de la thérapie sociale[1], une approche utilisée avec des groupes de personnes qui se retrouvent souvent en opposition frontale (jeunes de quartiers difficiles, policiers, élus), nous sommes tous porteurs d'une forme de violence, même si nous sommes parvenus à la domestiquer. L'enjeu est d'apprendre à reconnaître notre propre violence afin d'éviter qu'elle ne se déverse sur les autres.

Les apports récents des neurosciences sur le développement cérébral des enfants aident certainement à prendre du recul pour prévenir la tentation de la violence envers les enfants. Dans *Pour une enfance heureuse : repenser l'éducation à la lumière des dernières découvertes sur le cerveau*[2], la psychiatre Catherine Gueguen indique qu'il est devenu clair avec les travaux scientifiques sur le fonctionnement

1. Charles Rojzman, *La Thérapie sociale* (Chronique sociale, 2015), p. 42-43. Voir aussi ses autres livres *Sortir de la violence par le conflit* (La Découverte, 2009) et *Savoir aimer en des temps difficiles* (Guy Trédaniel, 2015).
2. Catherine Gueguen, *Pour une enfance heureuse : repenser l'éducation à la lumière des dernières découvertes sur le cerveau* (Pocket, 2015).

du cerveau que les enfants n'ont pas, avant l'âge de six ans environ, les moyens de contrôler les manifestations de leurs émotions les plus fortes, que ce soit la jalousie, la colère ou la tristesse. Leur cerveau ne le leur permet tout simplement pas. Cela invite à porter un autre regard sur les comportements que nous qualifions parfois un peu rapidement de « caprices ».

Connaître cela ne signifie bien sûr pas tout accepter en tant que parent, mais invite à poser nos limites avec plus de bienveillance, et moins de violence.

Avoir conscience des dégâts que provoque chez les enfants la violence subie invite aussi à travailler sur notre propre violence. À contre-courant de la « sagesse populaire », qui affirmerait qu'une bonne fessée ou une bonne claque de temps en temps ne feraient pas de mal, les multiples travaux recensés par Olivier Maurel dressent une liste des effets de la violence physique : vulnérabilité accrue des enfants non seulement aux maladies physiques et mentales mais aussi aux accidents et aux abus sexuels, et augmentation de futurs comportements à risque[1].

Cette prise de conscience ne suffit pas, notamment quand nous sommes à cran. Je me souviens d'épisodes de crise avec mon fils, où le même scénario de coups portés à ma fille se répétait trois, quatre ou cinq fois au cours de la même journée. Tout se passait comme si mon cerveau rationnel finissait par être court-circuité, submergé par la colère. Les spécialistes de l'intelligence émotionnelle parlent ici de *« emotional hijacking »*, *« hijacking »* étant le mot utilisé

1. Olivier Maurel, *op. cit.*, p. 66-67.

pour les détournements d'avion. Dans ces moments où une émotion intense prend le dessus, ce n'est plus notre cerveau rationnel qui est aux commandes[1].

Certains parents semblent parvenir à ne jamais verser dans la moindre forme de violence. Il existe par exemple un livre à ne consulter que lorsque votre moral est au plus haut : *Transmettre l'amour. L'art de bien éduquer*[2]. Père de famille nombreuse et pédiatre, l'auteur semble être parvenu à garder son calme en toute occasion.

La barre paraît haute, inaccessible même, pour la plupart des parents. L'expérience d'animation de groupes de parents m'a plutôt permis de constater que la grande majorité des parents ne parviennent pas à éviter les moments d'exaspération profonde et de colère explosive, pendant lesquels monte la tentation de la violence.

Pour la plupart d'entre nous, donc, se pose une autre question essentielle : que faire quand la violence nous envahit et menace de se répandre sur nos enfants ? Ce n'est qu'avec la plus grande humilité que des éléments de réponse peuvent être proposés, car cela touche une partie qui échappera toujours à notre maîtrise. Notre volcan intérieur ne se dompte pas avec des conseils bienveillants.

1. Le concept de *emotional hijacking* a été présenté notamment par Daniel Goleman dans son livre intitulé *L'Intelligence émotionnelle* (J'ai lu, 2014).
2. Paul Lemoine, *Transmettre l'amour. L'art de bien éduquer* (Nouvelle Cité, 2007). Ce livre présente l'intérêt de combiner la double expérience de l'auteur, père investi dans l'éducation de ses enfants et pédiatre. Il est toutefois difficile de ne pas se sentir un parent misérable en le lisant tant l'exemple donné par l'auteur semble parfait !

Deux approches sont possibles, qui seront développées dans ce chapitre :

- faire la paix avec soi-même, en tant que parent ou éducateur, pour ne pas ajouter de la violence à la violence ;
- chercher avec détermination à prévenir et surtout à transformer cette violence.

Ces attitudes ouvrent des chemins sur lesquels nous avons l'occasion de grandir en humanité en tant que parent, mais aussi tout simplement en tant qu'homme ou femme. En venant placer de la lumière sur notre ombre, les enfants nous offrent ainsi une autre possibilité de cheminer vers la plus belle partie de nous-mêmes.

FAIRE LA PAIX AVEC SOI-MÊME

J'ai constaté au cours de mon expérience d'animation de groupes de parents que les débordements de violence font naître un sentiment de profond abattement, parfois accompagné de mépris pour soi-même. Comment avons-nous pu nous laisser ainsi submerger par la colère et nous laisser aller à ce point ?

Nous jugeons notre comportement comme excessif et inapproprié. Sommes-nous finalement indignes de notre rôle ? Nous n'avons pas de mots assez durs pour nous condamner.

Ces jugements sont une autre forme de violence, cette fois à l'encontre de nous-mêmes. Elle s'ajoute à la violence qui nous a échappé. On pourrait même dire qu'elle la redouble.

ACCUEILLIR NOTRE OMBRE COMME NOTRE LUMIÈRE

Un autre chemin existe, celui de l'accueil de la personne que nous sommes, dans toutes ses facettes. Certaines sont lumineuses, et d'autres, sombres.

Tant que nous n'avons pas pleinement accepté que nous sommes capables de violence, nous ne pouvons trouver les moyens de la prévenir ni de la transformer, et nous risquons sans cesse d'alimenter une guerre contre nous-mêmes.

En acceptant cette partie obscure de nous-mêmes, nous devenons capables de continuer à nourrir un idéal de progrès vers une éducation sans violence. Nous entretenons l'espérance que nous parviendrons peu à peu à protéger de nos pulsions les enfants dont nous avons la responsabilité. Cette partie de nous ne pourra pas être éradiquée, mais nous sentons monter une détermination : que les enfants n'aient plus à subir notre violence.

En pratique :

Cultiver l'espoir après un épisode de violence

Cette pratique est particulièrement précieuse après un moment où vous avez basculé dans une forme de violence à l'égard de votre enfant, ce qui a fait naître en vous une émotion intense (honte, tristesse, abattement).

Commencez par prendre une posture stable favorisant la vigilance, par exemple en vous asseyant sur une chaise, les pieds bien à plat sur le sol. Posez votre attention sur votre souffle pendant quelques cycles de respiration.

S'il y a plusieurs émotions en vous, choisissez celle qui est la plus intense.

Puis utilisez votre souffle pour entrer dans le cœur de la pratique.

À chaque inspiration, dites-vous par exemple : « Je vois cette émotion (cette honte, cette tristesse) en moi. » Et à chaque expiration : « J'accepte pleinement la présence de cette émotion en moi. »

Vous pouvez imaginer que cette émotion que vous observez en vous est comme un voisin ou un enfant qui vient sonner à votre porte car il a besoin d'être accueilli.

Il y a probablement une partie de vous qui n'a aucune envie d'accueillir cette émotion tant elle est désagréable. Apprendre à accepter pleinement sa présence, sans entrer en combat avec elle, crée pourtant un apaisement profond.

Vous pouvez ensuite choisir de poursuivre l'exercice en faisant porter l'acceptation sur votre comportement lui-même.

La pratique devient alors :

À chaque inspiration, dites-vous par exemple : « Je vois que j'ai agi de cette façon avec mon enfant. » Et à chaque expiration : « J'accepte pleinement, à 100 %, le fait que j'ai agi ainsi. »

Prenez conscience que vous n'aviez pas, cette fois, trouvé les ressources pour agir autrement. Sentez que cette acceptation profonde ne vous fait en rien perdre la motivation de continuer à progresser pour que de tels épisodes soient moins fréquents, et finissent par ne plus se reproduire.

Pour consolider cet élan, vous pouvez aussi faire le même exercice avec vos facettes lumineuses. Pensez ainsi à un moment en particulier où vous avez fait preuve d'une présence lumineuse et bienveillante auprès de votre enfant dans un moment de crise.

La pratique devient alors :

À chaque inspiration, dites-vous par exemple : « Je vois que j'ai agi de façon appropriée avec mon enfant. » Et à chaque expiration : « Je célèbre (ou savoure) le fait que j'ai agi de cette façon avec mon enfant. »

PRÉVENIR ET TRANSFORMER NOTRE VIOLENCE

En mettant ainsi notre propre violence en pleine lumière, nous arrivons peu à peu à prendre conscience qu'il ne s'agit pas d'une force hors de contrôle. Nous pouvons au contraire trouver la détermination de :

– cultiver notre capacité à en identifier les premiers signes ;

– demander de l'aide dès qu'elle menace de nous déborder ;
– agir pour en réduire les effets les plus néfastes.

ÊTRE ATTENTIF AUX PREMIÈRES ALERTES

Prévenir la violence éducative ordinaire suppose d'être attentif aux premiers signes qui indiquent que nous nous approchons d'une perte de contrôle. De même que l'éruption majeure d'un volcan est précédée de différents phénomènes, nous pouvons repérer en nous nos propres signaux, différents pour chacun d'entre nous (cris, coups sur la table, paroles excessives, etc.).

Ces signaux indiquent que le moment est venu de prendre un temps de recul, en demandant à chacun de s'isoler afin de dégager un espace pour souffler (chacun dans sa chambre !), ou en passant le relais à une personne de notre entourage si quelqu'un peut se rendre disponible – partenaire, membre de la famille, ou ami·e.

Même un temps court de retrait peut permettre une prévention efficace de la montée de la violence en nous, particulièrement si nous sommes familiers de quelques pratiques de détente profonde et de reconnexion à soi (musique, méditation…), ou si nous pouvons disposer d'un espace de nature à proximité. Passer quelques minutes dans un jardin s'avère très précieux quand la violence menace de déborder.

Par ailleurs, les premiers signaux émotionnels nous donnent également des indications bien utiles sur des besoins que nous portons en nous mais qui n'ont pas été suffisamment satisfaits (ou « nourris », dans le langage de la Communication Non Violente ou CNV). Besoin de repos bien sûr, mais aussi besoin de respect, de liberté, de tendresse, ou de reconnaissance.

Lorsque certains de ces besoins fondamentaux ne sont pas satisfaits dans notre vie, nous sommes beaucoup plus sensibles aux comportements qui vont à leur encontre, ceux de nos enfants en particulier. Quand par exemple nous ne nous sentons pas suffisamment respectés ou reconnus dans notre vie professionnelle, le moindre manque de respect à la maison devient vite insupportable.

S'il est légitime de réagir dans ce cas face à nos enfants, il ne serait pas juste de les rendre responsables de notre « faim » de respect ou de reconnaissance ! La CNV nous invite à nous mettre en chemin pour trouver des moyens dans notre vie de « nourrir » nos besoins essentiels sans faire appel à nos enfants. Il y a d'autres personnes autour de nous (partenaire, collègues, amis) vers lesquelles nous tourner pour obtenir plus de respect, de tendresse, ou de reconnaissance, et nous sentir dès lors plus apaisés[1].

1. Sur l'application de la CNV au champ de l'éducation, voir *Vers une éducation au service de la vie*, de Marshall Rosenberg (Le Livre de poche, 2021), qui s'adresse aussi aux enseignants. Pour une approche plus spécifiquement destinée aux parents, voir *Élever nos enfants avec bienveillance*, du même auteur (Jouvence, 2007). Un livre très court mais puissant !

En pratique :

Les signaux d'une éruption imminente

Quels sont vos propres signes avant-coureurs que la violence en vous menace de déborder ?

Quelle est alors pour vous la meilleure stratégie afin de vous reconnecter à la partie la plus apaisée de vous-même ?

Y a-t-il une stratégie nouvelle que vous aimeriez désormais expérimenter ?

APPRENDRE À DEMANDER DE L'AIDE

Dans certaines situations, un temps de retrait n'est pas possible, et aucun soutien n'est disponible. Pourtant, il existe parfois plus de personnes prêtes à nous aider que nous ne l'imaginons.

Solliciter une aide extérieure quand on est à bout – ou idéalement juste avant de l'être – demande un véritable travail intérieur. Il m'est souvent arrivé dans le passé de ne pas faire appel à mon épouse alors que je me sentais perdre patience, car je ne voulais pas être perçu comme un père qui n'était pas à la hauteur. D'une certaine façon, demander du soutien ne signifierait-il pas que nous sommes en faillite éducative ?

Non, cela signifie tout simplement que nous avons atteint nos limites ! Être au contact prolongé et répété d'enfants, en tant que parent ou professionnel de l'éducation, est certainement l'une des activités les plus épuisantes.

Prévenir les comportements violents peut aussi consister à se tourner vers un·e psychothérapeute. C'est une voie qui permet de mieux comprendre les racines de sa propre violence et les moyens d'y faire face. Cette forme d'aide a été pour moi précieuse au cours de la période évoquée au début de ce chapitre, où les épisodes de violence à la maison tendaient à se multiplier. Le travail effectué avec une thérapeute m'a permis de prendre conscience à quel point les moments de brutalité m'étaient insupportables et d'identifier des stratégies pour mieux les prévenir.

RÉFLEXION :

Dépasser votre réticence à demander de l'aide

Dans les moments où vous sentez que la violence monte en vous, avez-vous dans votre entourage des personnes qui peuvent venir en soutien ?

Si vous ne faites pas – ou pas assez – appel à elles, qu'est-ce qui bloque en vous une demande d'aide ? Peut-être est-ce le risque d'être jugé comme une personne pas assez solide, ou pas assez fiable ?

Si c'est le cas, faites au moins une fois l'expérience de leur demander du soutien, en décidant de mettre ce jugement provisoirement de côté.

Observez ce qui se passe en vous juste après cette demande. Comment vous sentez-vous ?

Si cela vous paraît envisageable, engagez par la suite un dialogue à tête reposée avec la personne sollicitée pour comprendre comment elle a perçu votre démarche.

QUAND NOTRE VIOLENCE SE TRANSFORME

La prévention ne suffit pas toujours, et nous nous retrouvons parfois confrontés à une pulsion de violence face à des comportements de nos enfants que nous trouvons inacceptables.

L'enjeu est de transformer la colère quand elle parvient à la surface de nous-mêmes et qu'elle menace de se traduire par des mots ou des gestes violents.

Dans de tels moments, il ne paraît ni possible ni sain de tenter de supprimer l'énergie de la colère tant elle nous semble légitime, mais il reste possible d'éviter qu'elle ne se transforme en violence. Dans une expérience de chimie, il suffit parfois d'ajouter une nouvelle substance pour que le contenu de l'éprouvette prenne une tout autre couleur. De même, une autre dimension de nous-mêmes convoquée dans ces moments de crise peut donner une nouvelle coloration à notre état intérieur.

Cette dimension manquante est notre capacité à aimer. L'enjeu consiste à la mobiliser en nous au cœur d'une crise. Retrouver en nous cette capacité, ne serait-ce que l'espace de quelques secondes, suffit en effet à modifier notre état intérieur. La colère ne disparaît pas, mais elle ne déborde plus en violence et peut désormais se traduire par des mots ou des gestes fermes mais apaisés.

Comment faire ? Différentes stratégies sont possibles pour ajouter cette « substance » vitale qu'est notre capacité à aimer :

- Faire appel à notre mémoire et à notre capacité de visualisation. Il s'agit de repenser aux tout premiers mois de vie de notre enfant, en laissant monter dans notre esprit une image de son visage. Nous nous reconnectons ainsi à sa fragilité, alors que notre amour envers cet enfant était particulièrement intense. Cet enfant est le même aujourd'hui, même s'il manifeste des comportements qui nous heurtent.

Cette stratégie fait merveille dans de nombreuses situations. Toutefois, quand la colère est trop vive, nos capacités cognitives semblent paralysées ou dépassées. Tout se passe comme si nous ne parvenions plus à penser. C'est alors le moment de faire appel à la sagesse de notre corps.

- Utiliser la sagesse de notre corps. Il s'agit ici de puiser dans une ressource souvent méconnue : ces gestes qui, dès que nous les faisons, activent en nous l'énergie de l'amour.

J'ai pris conscience de cette ressource au cours de certains épisodes marquants avec mon fils. Alors que j'avais tendance à me précipiter vers lui avec l'énergie de la colère à la suite d'un coup qu'il avait porté à sa sœur, j'ai un jour choisi d'aller d'abord vers elle et de la prendre dans mes bras pour la consoler, et ensuite seulement de me tourner vers lui. J'ai alors constaté que mon comportement était bien différent : la colère était toujours présente, mais j'étais capable de lui parler de façon beaucoup plus posée, sans aucune trace de violence. Tout s'était passé comme si le seul fait de prendre quelqu'un dans mes bras (ma fille en l'occurrence) avait permis à l'énergie de l'amour de reprendre place en moi et de l'emporter sur la violence.

J'ai été surpris de la puissance de ce changement d'état intérieur lorsque j'en ai fait l'expérience la première fois. À tel point que j'ai pris la décision de privilégier cette stratégie chaque fois qu'un coup était porté à ma fille. Sans toujours y parvenir, mais avec la conviction qu'il s'agissait pour moi de la voie la plus fertile.

En pratique :

Un geste pour ranimer votre capacité à aimer au cœur d'une crise

Les situations que vous vivez sont probablement différentes de celle que je viens de décrire – et vous êtes vous-mêmes différent·e·s ! C'est pourquoi il est important d'identifier vos propres gestes afin de vous permettre de ranimer en vous l'énergie de l'amour au cœur d'une crise avec un enfant.

Ce geste peut aussi consister à prendre en main un objet-symbole qui évoque pour vous votre capacité d'amour (une photo, une bougie ou encore une petite cloche).

Si le geste que vous choisissez requiert un objet, assurez-vous de l'avoir rapidement à disposition dès que nécessaire.

Vous pouvez même choisir de faire ce geste chaque matin, en plaçant l'intention d'être capable de le reproduire dès que nécessaire au cours de la journée. L'idée est d'en faire un entraînement, de même que les athlètes répètent les bons gestes, jour après jour, jusqu'à ce que ceux-ci deviennent naturels.

Plus cet entraînement est régulier, plus la mémoire du corps est fiable, et plus ce geste a de chances de venir en ressource dans les moments difficiles.

Les moments où nous parvenons à mobiliser notre capacité d'amour pour prévenir et transformer notre violence sont des expériences particulièrement émouvantes. Ils n'effacent pas la conscience de tous les épisodes où nous avons échoué, loin de notre idéal, mais procurent tout de même une satisfaction profonde : celle d'avoir fait un pas de plus vers notre humanité !

CHAPITRE 8

GAGNER EN SÉRÉNITÉ EN ACCEPTANT NOS LIMITES

Véronique Decker, longtemps enseignante puis directrice d'école dans le secteur public, a écrit plusieurs livres à la fin de sa carrière pour présenter son expérience. Ses anecdotes sont souvent drôles, et parfois bouleversantes.

Dans *Trop classe. Enseigner dans le 9-3,* elle fait part de « l'histoire la plus triste qu'elle connaisse[1] ». Celle d'un garçon de maternelle, « concentré du désespoir humain ». Né dans un cadre familial chaotique (père alcoolique, mère atteinte d'un handicap mental et ne comprenant pas le français, et deux autres enfants dans la famille), il ne parvenait pas à parler ni à rire, et venait parfois à l'école avec une couche qui n'était pas changée depuis plusieurs jours. Face à cette situation, l'auteure conclut que la pédagogie se révèle parfois impuissante, même lorsqu'elle est juste et engagée, et que l'école ne peut pas changer le monde (en tout cas, pas toute seule).

1. Véronique Decker, *op. cit.*, p. 31-32.

En tant que parent, peut-être avez-vous aussi parfois éprouvé une forme d'impuissance – accompagnée de tristesse ou de colère – en sentant votre enfant en proie aux tourments de la vie. Difficultés à l'école, difficultés à se faire des amis, difficultés à trouver sa voie et sa place dans notre société : la liste peut être longue…

En échangeant avec des parents d'enfants atteints d'anorexie, j'ai été touché par l'intensité de leur souffrance au cœur de leur combat pour libérer leur enfant de cette pathologie angoissante. On peut imaginer que la douleur est tout aussi vive pour les parents d'enfants entraînés dans la drogue, la délinquance, ou affectés par des tendances suicidaires. Quoi de pire en tant que parent, que de constater la dérive ou la destruction de son enfant sans parvenir à renverser le cours des choses ?

Un tel scénario nous touche particulièrement si nous sommes convaincus que nous avons une influence déterminante sur le parcours de vie de nos enfants.

Certains trouvent une source d'enthousiasme dans leur responsabilité parentale : s'engager pour que leurs enfants s'épanouissent, prennent leur envol et trouvent leur juste place. Pour d'autres, au contraire, le fardeau est trop lourd.

Dans tous les cas, une question mérite d'être posée : n'avons-nous pas tendance à surestimer l'impact que nous avons sur nos enfants ? N'est-il pas plus limité que nous ne le pensons ? Envisager les choses ainsi peut paraître choquant, mais apporte aussi un soulagement, en libérant de certaines tensions.

Si, en effet, nous acceptons d'être seulement une source d'influence parmi d'autres, nous pouvons apporter le meilleur de nous-mêmes en tant que parents sans nous dire que nos inévitables erreurs auront *forcément* des conséquences sévères.

Il faudrait alors renoncer à l'ambition de « façonner » un enfant selon notre idéal. Pour le pédagogue polonais Janusz Korczak, auteur de *Comment aimer un enfant*[1], un tel renoncement est d'ailleurs une condition nécessaire pour aimer véritablement un enfant[2].

Même en restant convaincus que notre éducation joue un rôle prépondérant sur le présent et l'avenir de notre progéniture, nous sommes face à une autre question : sommes-nous sûrs qu'il s'agisse d'une influence véritablement bénéfique ? Ne touchons-nous pas, là encore, nos limites ? Nos errements, nos manquements, et tout simplement nos défauts sont partout présents dans l'éducation que nous donnons. L'enfant perçoit cette imperfection, l'observe jour après jour. Nous transmettons aussi nos facettes sombres, sans les voir toujours nous-mêmes, ou en préférant les cacher.

1. Janusz Korczak, *op. cit.*, p. 66.
2. À noter que Korczak n'a pas eu d'enfant lui-même, mais a pu mesurer le défi d'une telle approche en acceptant la responsabilité de l'éducation d'un orphelin alors qu'il était médecin sur le front pendant la Première Guerre mondiale (voir le récit de cet épisode dans sa biographie *The King of Children: The Life And Death of Janusz Korczak*, de Betty Jean Lifton, qui n'a malheureusement pas été traduite en français). Pour en savoir plus sur *Comment aimer un enfant*, voir la bibliographie en annexe.

Tout cela invite à s'interroger sur ce que nous voulons vraiment transmettre, et à se demander si nous vivons, oui ou non, selon les principes qui nous paraissent essentiels.

Ici se trouve une formidable source de croissance : ce que nous voulons vraiment « léguer » à nos enfants (ou petits-enfants), il nous revient de l'incarner le plus possible, sans tarder, avec attention et détermination.

Quoi de plus fortifiant pour continuer à grandir en humanité, quel que soit notre âge ?

UNE INFLUENCE PLUS LIMITÉE QUE NOUS AIMONS LE CROIRE ?

En 1998, la psychologue américaine Judith Rich Harris a jeté un pavé dans la mare de l'éducation en publiant *The Nurture Assumption*[1]. L'une des idées majeures de ce livre est que les parents tendent à surestimer l'impact de leur éducation sur la personnalité et l'avenir de leurs enfants. Selon elle, l'influence des « groupes de pairs » (les autres enfants du même âge que fréquentent les enfants, à l'école ou en dehors) est plus significative que celle des parents.

Ce livre n'invite pas les parents à la passivité – ils ont une certaine influence sur les « groupes de pairs » que leurs enfants fréquentent, au moins jusqu'à un certain âge –, mais il remet leur rôle dans une perspective plus large.

1. Judith Rich Harris, *Pourquoi nos enfants deviennent ce qu'ils sont. De la véritable influence des parents sur la personnalité de leurs enfants* (Robert Laffont, 1999), traduction française.

Une polémique de belle ampleur a suivi la publication de ce livre, à coups d'arguments scientifiques de part et d'autre, sans que le débat soit tranché. Il a en tout cas le mérite de nous inviter à la réflexion.

Pour certains parents, cette thèse sonne comme un appel à donner encore plus de force à leur éducation. Si en effet notre message en tant que parents est dilué parmi d'autres, il devient nécessaire de le répéter le plus souvent possible. Mais cela ne crée-t-il pas une tension permanente en nous, qui finit par affecter les enfants dont nous avons la charge ? N'est-il pas plus sage de nous contenter – au sens d'être authentiquement contents – de partager avec eux ce en quoi nous croyons, puis de leur faire confiance pour en faire le meilleur usage, en combinant notre apport avec l'influence des autres personnes de leur environnement ?

Pourquoi finalement s'acharner à prétendre que l'influence des parents doit dominer celle des autres ? Cela suppose d'ailleurs que nous soyons détenteurs de la source d'éducation la plus juste et la plus pertinente… ce qui n'est précisément pas toujours certain.

VERS UNE ACCEPTATION APAISANTE DE NOS LIMITES

J'aime pour ma part envisager une autre voie : mener un travail d'acceptation des limites de mon influence, tout en continuant à jouer mon rôle dans toute la mesure de mes moyens. Une voie dans laquelle j'ai souvent du mal à m'engager car il y a toujours une part de moi qui résiste

(Renoncer à me voir comme le principal responsable du destin de mes enfants, n'est-ce pas de la folie ?), mais qui est une voie apaisante malgré tout.

Au cœur de nombreuses traditions spirituelles se trouve un appel à s'entraîner à accepter ce qui se présente sur son chemin de vie, sans entrer en lutte avec ce qui nous déplaît ou nous déçoit. Dans le chapitre précédent a été évoquée la pratique de l'acceptation de ces moments où nous nous sommes retrouvés emportés par notre colère, loin de notre idéal éducatif. Dans le même esprit, nous pouvons nous entraîner à accepter l'idée que notre influence en tant que parents a ses limites.

Je pense ici à l'engagement de Tolstoï dans l'école de Iasnaïa Poliana, créée sur les terres de son domaine familial, près de Moscou. L'écrivain avait fait le constat qu'il y avait des moments où les enfants de son école étaient dans un état d'excitation qui les rendait incapables de se concentrer. Fallait-il employer un ton martial pour ramener l'ordre, ou juste attendre que l'agitation cesse ? La conclusion de Tolstoï était nette : « Il est beaucoup plus facile de les laisser se calmer d'eux-mêmes et rétablir l'ordre naturel que de l'imposer par la force[1]. »

Cette approche peut étonner et passer pour un renoncement éducatif – imaginez d'ailleurs la réaction des

1. Cf. le texte « L'École de Iasnaïa Poliana » (1862), dans Léon Tolstoï, *Textes pédagogiques*, p. 50 (Fabert, 2017). Tolstoï est avant tout connu pour ses romans, moins pour sa pensée philosophique et politique, et à peine pour son expérience d'éducateur et de créateur d'école. Cet aspect de son travail figure heureusement dans la biographie très complète d'Henri Troyat, *Tolstoï* (Fayard, 2004).

contemporains de Tolstoï à une époque où l'écoute des besoins des enfants n'était pas précisément à la mode ! Mais deux des plus grands pédagogues du XXe siècle, Célestin Freinet et Maria Montessori, nous ont également éclairés sur les limites de notre travail éducatif.

CES LOIS QUE NOUS IGNORONS PARFOIS

Freinet, dans *Les Dits de Mathieu*, livre riche en métaphores puisées dans son enfance paysanne, nous rappelle qu'il existe dans la vie animale un ensemble de lois contre lesquelles il serait insensé de lutter. Les bergers les connaissent, mais pas tous les instituteurs !

Voici ce qu'il écrit :

> « Moi, je vous dis que si nous allions chercher dans la tradition populaire les traditions millénaires du comportement des hommes dans l'éducation des animaux, nous serions en mesure d'écrire le plus simple et le plus sûr des traités de pédagogie. [...] Mais l'École se rit de l'humble expérience des bergers ! Elle a ses imposants chemins séculaires que des écrivains, des savants, des administrateurs éminents ont dit être des chemins de vérité : Pas de faiblesse affective ! Maintenez la loi ! Habituez vos élèves à obéir, même et surtout si l'ordre donné contrarie leurs tendances et leurs désirs[1]. »

Pour Freinet, notre premier devoir en tant qu'éducateurs est de chercher à bien comprendre les lois de la nature

1. Célestin Freinet, *op. cit.*, p. 10-11.

qui s'appliquent aussi aux enfants. *A contrario*, les grands principes éducatifs que nous élaborons sans cette connaissance sont souvent inutiles. Et parfois aussi stupides que de s'acharner à faire boire un cheval qui n'a pas soif ou forcer un aigle à monter par l'escalier !

Montessori avait de son côté été frappée par l'extraordinaire capacité de concentration des enfants, même très jeunes, en particulier au cours de ce qu'elle a appelé les « périodes sensibles » dans les apprentissages (périodes où la soif d'apprendre est très vive). Ce que l'adulte peut alors faire de plus utile, c'est de se mettre en retrait après avoir proposé un matériel approprié pour l'apprentissage, et d'observer l'enfant au travail, en autonomie. Les interventions intempestives de l'adulte ne font que briser cette concentration[1].

Entre les lois naturelles que nous ne connaissons pas encore suffisamment et les influences multiples que reçoivent nos enfants, il est normal que nous rencontrions des limites en tant qu'éducateurs.

Nous pouvons alors passer en force, mobiliser plus de ressources et d'énergie pour chercher à repousser ces limites ou à les dépasser. Mais nous nous privons d'une

1. Il est à d'ailleurs à noter que, pour la création de sa première école à Rome (1907), Maria Montessori avait choisi de ne pas embaucher des instituteurs formés à cette profession car elle voulait un regard neuf sur l'enfant. Pour une présentation du positionnement de l'adulte recommandé par Montessori, voir *La Formation de Londres* (cf. bibliographie en annexe).

compréhension profonde des enfants et oublions, au passage, le prix à payer : pour nous-mêmes, pour eux, et pour la confiance qui nous relie.

Pourquoi ne pas plutôt s'entraîner à accueillir ces limites ?

EN PRATIQUE :

Accueillir vos limites en tant que parents

Comme dans la pratique « Cultiver l'espoir après un épisode de violence » du chapitre précédent (voir p. 146), je vous propose de vous appuyer sur le souffle, fidèle compagnon pour s'entraîner à l'acceptation.

Prenez une posture bien stable, le dos droit (mais sans tension), de façon à favoriser la vigilance. Posez toute votre attention sur votre souffle pendant quelques cycles d'inspiration et d'expiration. Cette attention rapproche d'un espace de paix toujours présent en vous.

Puis, à chaque inspiration, dites-vous : « Je vois que mon action en tant que parent a ses limites », et à chaque expiration : « J'accepte pleinement ces limites. »

Sentez quand cela résiste en vous (vous n'avez peut-être aucune envie de les accepter) mais poursuivez tranquillement la pratique pendant quelques minutes, sans rien forcer. Il s'agit d'un entraînement pacifique de l'esprit !

Observez ce qui se passe en vous quand, l'espace de quelques instants, cette acceptation devient envisageable.

Vous pouvez ensuite poursuivre la pratique avec les phrases suivantes :

À l'inspiration : « Je vois les autres sources d'influence autour de mon enfant » (à chaque inspiration, laissez monter dans votre esprit les images de personnes qui ont aussi une influence : ses professeurs, ses amis, ou ses grands-parents).

À l'expiration : « J'accepte pleinement ces autres sources d'influence. »

Au fil des respirations, sentez un apaisement monter, ou même une grande sérénité. Vous êtes l'une des sources majeures d'inspiration pour votre enfant, mais d'autres l'aident à grandir. C'est d'ailleurs aussi réconfortant quand on ne se juge pas à la hauteur, ou quand la responsabilité d'éduquer paraît trop lourde, épuisante.

Il se peut aussi que vous fassiez l'expérience d'une pointe de peur ou de tension en visualisant le visage d'une personne dont l'influence vous paraît nocive pour votre enfant. Constatez alors qu'il reste toujours possible d'agir, si nécessaire avec fermeté, pour essayer de mettre cette personne à juste distance.

Nos peurs perdent de leur emprise grâce à cet exercice, en particulier celles que nous fabriquons ou amplifions nous-mêmes. De fait, nous les laissons parfois nous envahir, comme dans le cas des parents de Luca dans le dessin animé des studios Disney qui a pour titre le même nom. Ces monstres marins refusent catégoriquement que leur fils aille faire des incursions auprès des terriens – tous perçus comme de terribles fréquentations (ce qui est bien sûr contredit par la fin de l'histoire).

La voie de l'acceptation, quand nous parvenons à l'emprunter, ne nous mène pas à démissionner de notre responsabilité. Elle permet au contraire de continuer à agir avec plus de justesse et de sérénité.

UNE HYPOTHÈSE QUI PEUT CHANGER NOTRE REGARD

Pour relativiser avec douceur l'influence que nous avons sur nos enfants, nous pouvons aussi reprendre l'hypothèse que ce sont de « petites âmes qui viennent de loin ».

Si nos enfants ont connu de multiples existences avant de s'incarner auprès de nous, notre rôle d'éducateur demeure fondamental pour leur permettre de mener une vie adaptée à la famille et à la société qui les accueillent. Mais comment prétendre façonner leur tempérament ou leur personnalité, ancrés avec de si profondes racines ? Notre action a peu de chances de parvenir à les modifier, à supposer que cela soit souhaitable[1] !

Il est bien possible que l'hypothèse de vies successives vous paraisse peu plausible. Il reste alors toujours à observer – avec émerveillement ! – la diversité des caractères au sein d'une famille nombreuse. Les différences de personnalité au sein d'une fratrie sont souvent stupéfiantes,

1. Cette hypothèse a déjà été évoquée dans le chapitre 6. Vous trouverez dans l'ouvrage *Enfance et surnaturel*, de Samuel Socquet (La Martinière, 2014), un ensemble de témoignages pour vous faire une idée plus précise sur le sujet.

comme je le constate dans la mienne, composée de cinq frères et sœurs.

Quelle a été la véritable influence de nos parents sur notre personnalité ? Personne ne peut la mesurer ni la quantifier, mais l'humilité paraît la seule voie possible. De la même façon, un jardinier ne peut prétendre enseigner à des graines de tomate comment devenir des carottes, même avec la plus grande détermination.

Prendre la mesure de nos limites en tant que parent peut être angoissant. Ne serait-ce pas abdiquer ? Les enfants dont nous avons la responsabilité seraient-ils lancés sur une trajectoire qui nous échappe en grande partie ?

Il y a pourtant un versant tout à fait lumineux et libérateur dans cette façon d'envisager les choses : en exerçant l'influence dont nous disposons, toute limitée qu'elle soit, nous faisons notre juste part. Le reste ne nous appartient pas, pas plus que nos propres enfants ne nous appartiennent.

EN PRATIQUE :

Au chevet de cette « petite âme qui vient de loin »

Prenez un temps auprès de votre enfant alors qu'il est en train de dormir.

Calez votre respiration sur son souffle en suivant au plus près ses inspirations et ses expirations pendant quelques minutes.

Envisagez maintenant l'hypothèse que la présence de cet enfant dans votre vie a été précédée de dizaines, voire de centaines d'existences antérieures. Prenez le temps de sentir la richesse possible de ce parcours, de vie en vie.

Sentez ce privilège merveilleux d'être aujourd'hui chargé de l'aider à grandir dans cette vie présente. Comme si un trésor des temps anciens vous avait été – temporairement – confié. Un trésor dont vous ne pouvez modifier ni la nature ni les caractéristiques essentielles, mais que vous pouvez protéger et mettre en valeur le mieux possible.

Constatez que vous ne perdez pas votre motivation à jouer votre rôle de parent. Vous pouvez au contraire l'exercer avec plus de conscience puisqu'il s'agit d'une mission rare et précieuse – presque sacrée.

CLARIFIER L'HÉRITAGE QUE NOUS VOULONS LAISSER

Il est légitime de garder la conviction que notre influence – même limitée – est déterminante. Se présente alors une question essentielle : cette influence est-elle forcément bénéfique ?

Je ne m'étais jamais posé cette question de façon directe avant l'écriture de ce livre. Comme vous, je tente de faire de mon mieux depuis le début de mon aventure de père et fais dès lors l'hypothèse que mon influence est plus bénéfique que nocive.

À bien y réfléchir, ce n'est pas si évident. Cela supposerait que je sois digne d'être un exemple pour mes enfants dans les domaines qui me paraissent fondamentaux.

Est-ce le cas ? Je suis bien sûr tenté de répondre aussitôt par l'affirmative. Mais l'honnêteté intellectuelle invite plutôt à une réflexion en deux temps :

- dresser la liste de ce que je tiens vraiment à transmettre en tant que parent, c'est-à-dire l'héritage que j'aimerais laisser ;
- examiner avec le plus d'objectivité possible si, sur les valeurs qui me sont chères, je propose bien un exemple convaincant à mes enfants.

Un tel effort d'objectivité est difficile. Nous connaissons mal nos manquements et nos zones d'ombre. Peu de personnes les évoquent avec franchise devant nous. J'ai la chance d'avoir à mes côtés une épouse qui a cette qualité, en m'invitant régulièrement à relire ce que j'ai pu écrire dans mes propres livres (ou même tout simplement à lire mes livres, quand elle est vraiment énervée !). Une telle franchise est toutefois plutôt rare dans la vie en société.

Déployer un effort de lucidité s'avère aussi inconfortable. Me vient à l'esprit l'exemple du pédagogue Johann Heinrich Pestalozzi, déjà évoqué dans le chapitre précédent. Pestalozzi a consacré sa vie à l'éducation, en s'engageant auprès de centaines d'enfants touchés par la pauvreté. Il a créé plusieurs écoles, et notamment l'Institut d'Yverdon (Suisse), qui l'a rendu célèbre dans toute l'Europe. Et pourtant, il fit le constat à la fin de sa vie qu'il avait failli dans l'éducation de son propre fils, Jakob, en lui imposant un cadre éducatif qui ne respectait pas sa fragilité nerveuse et ne lui laissait pas d'autre issue que de se plier à la volonté de son père. Que de courage et d'humilité dans ce témoignage ! Il aurait été si simple pour un pédagogue aussi reconnu que lui de masquer cette dimension de sa vie[1].

La lucidité sur soi-même est une qualité difficile à cultiver. Selon plusieurs sondages, 90 % des Français s'estiment « bons conducteurs », et 80 % des médecins penseraient qu'ils sont de meilleurs médecins que la moyenne[2]. Et il est bien possible que cela soit aussi le cas pour 80 % des parents !

C'est précisément parce qu'un inventaire de ce que nous souhaitons transmettre est délicat qu'il importe de le faire avec le plus possible de détermination. Sinon, il se pourrait bien que ce soient nos enfants qui le fassent pour nous, plus tard. Trop tard, peut-être.

Un tel travail est, dès maintenant, une source de croissance : il offre une occasion formidable de grandir en humanité.

---

1. Ce témoignage apparaît notamment dans le livre *Qui êtes-vous, Monsieur Pestalozzi*, de Jacqueline Cornaz-Besson (Éditions de la Thièle, 1977). Voir aussi le chapitre « Pauvre Jakob ! » du livre, plus facile à trouver, *Pestalozzi, un pédagogue suisse. Biographie intérieure*, de Michel Soëtard (Slatkine, 2016).
2. Le premier sondage a été réalisé par la société Eplaque.fr en 2018, mais je ne suis malheureusement pas parvenu à retrouver la trace du second, qui m'avait marqué il y a quelques années…

UNE QUESTION QUI VAUT LE DÉTOUR

« Qu'est-ce que je veux le plus transmettre à mes enfants ? »

C'est une question qui « vaut le détour », selon l'expression utilisée dans les guides de voyage pour qualifier un monument marquant.

J'ai eu envie de me prêter moi-même à l'exercice, afin d'illustrer la richesse de cette démarche.

Voici ce que j'aimerais transmettre à mes enfants :

- une prise de conscience qu'il est possible, malgré les vicissitudes de la vie, de cultiver en soi une « paix des profondeurs » que rien ni personne ne peut enlever ;
- une invitation à la fraternité (avec la conviction que l'une des meilleures façons de donner du sens à sa vie est de l'orienter vers le partage, en particulier avec ceux et celles qui ont eu moins de chances que nous) ;
- l'importance de s'engager pour prendre soin de notre planète, si fragilisée par plus de deux siècles d'industrialisation intensive ;
- la confiance qu'il y a toujours une solution créative à trouver ou à inventer face à chaque problème, et un chemin à découvrir pour traduire nos rêves dans la réalité.

Je vous propose de faire le même travail, car la personne la plus importante ici, c'est vous !

En pratique :

Ce que vous voulez le plus transmettre

Imaginez-vous dans les dernières années de votre vie, à un âge avancé, et formez dans votre esprit une image de vos enfants (ou des enfants que vous avez accompagnés dans la vie si vous n'en avez pas vous-mêmes).

Identifiez une à une les plus belles qualités que vous aimeriez trouver en eux, maintenant qu'ils sont adultes, avec la richesse de leur expérience de vie. Des qualités que vous les avez aidés à cultiver patiemment au fil des années.

Ne vous limitez pas dans un premier temps : faites la liste de tout ce que vous avez transmis de précieux.

Ensuite, faites une sélection des trois ou quatre éléments qui vous paraissent les plus essentiels dans votre transmission.

Gardez cette liste dans un endroit où vous pourrez la retrouver sans difficulté chaque fois que vous voudrez vérifier à quel degré vous incarnez ce que vous aspirez à transmettre.

LE DÉFI D'INCARNER NOS VALEURS ESSENTIELLES

Après ce travail de clarification surgit une interrogation tout aussi cruciale : « Est-ce que j'incarne vraiment aujourd'hui ce que je veux transmettre ? »

Voici un questionnement de nature à chatouiller l'ego, d'ailleurs assez rarement proposé dans les livres portant sur l'éducation[1]. Il est en particulier souvent absent des ouvrages destinés aux enseignants, dans lesquels ceux-ci apparaissent comme des professionnels dont le rôle se limite à transférer des savoirs, alors que ces hommes et ces femmes transmettent infiniment plus. Que cela soit volontaire ou non, leurs croyances, leurs valeurs et leurs états intérieurs influencent aussi les enfants dont ils ont la responsabilité.

C'est ce que Tolstoï appelle la « persuasion inconsciente ». Au moment de la création de son école, dans les années 1860, il avait tracé une distinction nette : une école avait le rôle d'instruire (transférer des connaissances), non d'éduquer. Il a pourtant changé d'opinion à la fin de sa vie : « Je dirais avant tout que la distinction entre l'éducation et l'instruction, que j'avais faite dans mes articles pédagogiques d'autrefois, est artificielle. L'éducation et l'instruction sont inséparables[2]. »

Certains penseurs de l'éducation ont même donné une place essentielle au développement personnel de l'enseignant afin d'incarner ce qu'il vise à transmettre. C'est le

1. Il y a heureusement des exceptions, parmi lesquelles se trouve le livre de Thomas d'Ansembourg *Notre façon d'être adulte fait-elle sens et envie pour les jeunes ?* (Éditions de l'Homme, 2020). On trouvera aussi cette dimension dans les livres qui s'ancrent dans une tradition spirituelle. Pour un bon exemple dans la tradition musulmane, voir *L'Art d'être parent en Occident*, que j'ai trouvé passionnant même si l'Islam ne fait pas partie de mes racines (cf. bibliographie en annexe).

2. Lettre de 1909 à Boulgakov, reproduite dans les *Textes pédagogiques* de Tolstoï, *op. cit.*, p. 194.

cas par exemple dans les écoles Steiner-Waldorf. Il existe dans le monde près de deux mille écoles de ce type, même si elles sont peu représentées en France. Le fondateur de ce mouvement, l'Autrichien Rudolf Steiner, a beaucoup insisté sur la nécessité d'intégrer un travail intérieur dans la formation des enseignants de ses écoles, ainsi que dans leur pratique au quotidien[1].

Un autre exemple intéressant vient des États-Unis. L'une des grandes figures du monde de l'éducation dans ce pays, Parker Palmer, a écrit un livre qui a eu un fort retentissement : *The Courage to Teach* (en français *Le Courage d'enseigner*). Pour lui, « nous enseignons qui nous sommes ». Se connaître en tant qu'enseignant est aussi crucial pour la qualité de l'enseignement que de connaître ses élèves et son sujet. Les bons enseignants doivent dès lors faire un effort d'introspection de façon régulière *(« good teachers must lead examined lives[2] »)*.

En tant que parents, le même courage nous est demandé. Et il en faut en effet ! Car vérifier de façon régulière si nous incarnons ce que nous voulons transmettre met en lumière nos failles et nos contradictions.

1. Pour mieux le comprendre, voir par exemple le recueil de textes intitulé *Pour approfondir la pédagogie de Rudolf Steiner. Textes méditatifs pour les enseignants* (publication par la Fédération des écoles Steiner-Waldorf en France). L'approche de Rudolf Steiner s'éclaire en découvrant son parcours intellectuel, grâce par exemple à sa passionnante autobiographie en deux volumes (Éditions anthroposophiques romandes, 1990).
2. *The Courage to Teach*, *op. cit.*, passage 177 de l'édition Kindle.

Dans mon propre cas sont ainsi apparus tous ces moments où je m'agace, m'irrite, où me mets en colère pour des raisons plus ou moins valables. Comment puis-je alors parler à mes enfants de paix intérieure ? Même s'ils me voient souvent pratiquer la méditation, suis-je vraiment convaincant ? Je me souviens avec émotion d'une remarque de mon fils, alors âgé de cinq ans, lorsqu'il me vit arriver à table tendu et irrité : « De toute façon, toi, tu as toujours des problèmes ! »

Par ailleurs, qu'en est-il de la place que je donne à la fraternité dans ma vie ? Que pourrais-je répondre à mes enfants quand ils me demanderont, dans quelques années, quelle a été ma contribution à l'accueil de jeunes migrants dans notre pays ? Mes engagements associatifs occupent déjà une partie significative de mon temps, mais je sais en toute honnêteté que je pourrais faire plus sans que cela ne pèse sur ma vie ni sur la leur.

Enfin, quant à mon engagement effectif pour le futur de notre planète, je suis loin d'avoir mis en cohérence tous mes actes de consommation avec l'attention à l'équilibre écologique (déchets, énergie, transports par exemple). Je peux ainsi identifier plusieurs angles à propos desquels mes enfants seraient justifiés de venir questionner un manque de cohérence.

Finalement, seul le dernier élément sur ma liste – approcher chaque problème avec la confiance qu'il existe une solution à inventer ou à découvrir – me paraît suffisamment incarné.

Ouf, l'honneur est sauf ! Mais de cet inventaire émerge pour moi un triple défi :

- Comment vivre davantage dans un état de paix intérieure, sans plus attendre ?
- Comment orienter ma vie vers plus de fraternité, sans plus attendre ?
- Comment mettre davantage ma vie en cohérence avec la nécessité que je perçois de prendre soin de notre planète, sans plus attendre ?

UN DÉFI À ABORDER AVEC BIENVEILLANCE ENVERS NOUS-MÊMES

Rien ni personne ne nous force à prendre de tels défis à bras-le-corps. Il est important de progresser sans forcer, à l'écoute de notre rythme.

En prenant trop notre temps, toutefois, nous courons le risque que la transmission vers nos enfants ne s'opère pas comme nous le souhaitons. Comment pourrions-nous leur reprocher de ne pas avoir compris et intégré ce que nous n'incarnons pas suffisamment nous-mêmes ?

Incarner parfaitement dans notre vie ce à quoi nous aspirons est évidemment impossible. Pourtant, nous pouvons réellement progresser : tout se joue le plus souvent à travers de modestes gestes quotidiens.

Dans mon cas, chaque énervement inutile évité, chaque acte de fraternité posé, chaque décision de consommation orientée vers une attention à l'état de notre planète me rapproche de ce que je souhaite transmettre.

C'est finalement un défi à aborder avec autant de détermination que de douceur et de bienveillance envers soi-même. N'en faisons surtout pas un combat de plus. N'y en a-t-il pas déjà assez autour de nous ?

EN PRATIQUE :

Un héritage en cours de transmission

En matière d'héritage, c'est la dimension matérielle qui nous occupe le plus souvent : qu'allons-nous pouvoir laisser à nos enfants afin qu'ils soient à l'abri des coups durs ? C'est légitime, mais il est un héritage plus précieux encore.

Je vous propose de reprendre la liste de l'encadré précédent (page 175).

Prenez ensuite un temps pour examiner avec le plus d'objectivité possible si vous proposez bien à vos enfants un exemple à suivre sur ces points. N'hésitez pas, afin d'augmenter le degré d'objectivité, à demander l'avis de votre partenaire ou de personnes qui vous connaissent bien.

Si vos enfants sont en âge d'argumenter, vous pouvez même choisir d'en faire un sujet de conversation avec eux. Un tel moment de vérité suppose une belle confiance de part et d'autre, mais pourra rester comme un temps fort de votre expérience de parent.

CHAPITRE 9

VIVIFIER NOTRE CRÉATIVITÉ

Que dit à ses parents un enfant qui a passé une mauvaise journée à l'école ?

– « J'ai eu une journée difficile, peut-on en parler ensemble ? »

ou

– « Est-ce que tu peux jouer avec moi ? »

Pour le psychologue américain Lawrence Cohen, le deuxième scénario est plus probable. Comme nombre d'éducateurs, il souligne que le jeu est l'un des meilleurs moyens de connexion avec les enfants, car il s'agit de leur langage de prédilection. Ne jamais jouer avec un enfant, c'est un peu comme vivre auprès d'un adulte sans jamais lui parler.

Cohen fait même du jeu l'approche privilégiée pour entrer en contact avec les enfants qu'il accompagne en tant que psychologue. Cette attention est aussi la sienne en tant que père. Dans son livre *Qui veut jouer avec moi ? Jouer pour mieux communiquer avec nos enfants*, il fait le récit de moments ludiques partagés avec sa fille, et recommande aux parents de ne pas négliger cet excellent moyen de tisser un lien fort avec ses enfants[1].

Le jeu a également été identifié comme une voie très fertile pour les apprentissages. L'idée que jouer est l'une des meilleures façons d'apprendre avait encore un parfum de scandale il n'y a pas si longtemps. L'un de ses premiers défenseurs dans le monde universitaire, le médecin genevois Édouard Claparède, a subi de vives attaques lorsqu'il l'a proposée, au début du XXe siècle[2]. L'apprentissage était alors quelque chose de très sérieux, qui ne devait surtout pas être perturbé par le jeu.

Si les phases de jeu sont encore marginales dans notre système scolaire (sauf en maternelle), l'idée que jouer est l'un des meilleurs moyens d'apprendre a tout de même fait son chemin.

Le jeu apporte un autre cadeau, pour nous-mêmes cette fois : réveiller notre force créative.

---

1. Lawrence Cohen, *op. cit.* Voir la bibliographie en annexe pour une présentation de ce livre.
2. Voir la passionnante biographie d'Édouard Claparède écrite par Martine Ruchat, *Édouard Claparède. À quoi sert l'éducation ?* (Antipodes, 2015).

LE JEU COMME VOIE ROYALE POUR CULTIVER NOTRE CRÉATIVITÉ

En tant qu'adultes dans une société relativement normée, notre force créative est souvent somnolente, en tout cas moins vive qu'elle ne pourrait l'être. À moins que nous n'exercions une profession qui fasse appel à notre créativité, celle-ci trouve peu d'occasions de s'exprimer dans notre quotidien. Des temps de jeux réguliers avec des enfants contribuent alors à la réveiller.

Nous retrouvons alors une part de nous-mêmes que nous n'aurions jamais dû perdre. Pour les traditions de sagesse, il y a à l'œuvre dans le monde – et dans la nature en particulier – une immense force créative. En tant qu'être humain, nous en possédons tous une parcelle. Parvenir à la rendre plus vivante et plus vibrante fait naître la sensation de revenir à soi, et même à la plus belle partie de soi. C'est à mes yeux l'une des joies les plus profondes qu'offre la vie.

Un jour, assis sur le canapé du salon avec mes enfants, âgés à l'époque de quatre et six ans, j'ai pris conscience de la joie que m'avait procurée ce réveil créatif. Je les écoutais alors faire la liste des jeux que j'avais inventés pour eux, avec chaque fois le souvenir de moments de complicité, de rires ou de douce folie. Pour garder en mémoire tous ces jeux lors de mes vieux jours, j'ai commencé à les noter dans un carnet.

À mesure que la liste s'allongeait, j'observais l'émotion monter en moi. Moi qui ne m'étais jamais considéré comme particulièrement créatif, j'avais ainsi su inventer près de vingt-cinq jeux en quelques années, et créer tant de bons moments avec mes enfants ? Je me suis senti étonné, joyeux, et fier.

QUAND LES BÛCHES TREMPÉES S'ENFLAMMENT

Comment une bûche mouillée prend-elle feu ?

Au contact, plus au moins long, d'une bûche enflammée.

En matière de créativité, je mesure aujourd'hui avec le recul que j'étais une bûche bien trempée ! Écolier puis étudiant attaché à bien faire, j'ai longtemps laissé ma créativité s'étioler. Parmi toutes les initiatives engagées pour retrouver le feu, c'est la bûche enflammée de mes enfants qui m'a le plus aidé.

Rien de tel, quand nous sentons que notre créativité s'est endormie, que de fréquenter régulièrement des personnes très créatives. Nous n'avons pas tous l'occasion de fréquenter des artistes de talent, mais la grande majorité d'entre nous ont la chance de fréquenter des enfants, qu'il s'agisse des nôtres ou de ceux de notre entourage.

Quelle chance en effet ! Pensez à tout ce que de jeunes enfants créent en l'espace de quelques années : des centaines de dessins, de constructions, et d'histoires[1].

1. Nous sommes semble-t-il nombreux à faire le constat que la créativité spontanée des enfants tend toutefois à s'étioler au fil des années de scolarité, ce qui rend nécessaire de repenser l'école afin d'en faire un lieu qui favorise la créativité. Dans l'école que j'ai cofondée, nous consacrons par exemple

Alors même que j'écris ce livre, mes enfants (aujourd'hui âgés de sept et neuf ans) passent chaque jour au moins une heure, et même plusieurs heures pendant les vacances, à inventer ensemble des histoires qui sont des merveilles de fantaisie, avec des personnages aux noms abracadabrants, en s'aidant de tout ce qui leur passe sous la main pour les décors. Certains passages sont tellement drôles que j'éclate parfois de rire à les écouter (j'ai appris toutefois à savourer en silence, car ils sont convaincus que je me moque d'eux quand je me mets à rire. Impossible de les convaincre que je les admire !).

Attention, toutefois : être le témoin passif de la créativité des enfants ne suffit pas. Pour que notre bûche s'enflamme, il faut passer à l'action et entrer dans le jeu avec eux. Nous avons alors une magnifique occasion de ranimer notre petite flamme créative, avec à la clef une bonne dose de vitalité et de joie.

Que faire si vous n'avez pas d'enfants avec qui faire cette expérience du jeu ? Dans le cercle de votre famille élargie – neveu, nièce, filleul·e – ou de vos amis, vous connaissez probablement des parents. Certains vous confieront volontiers leurs enfants pour quelques heures de jeu ! Ils vous remercieront même pour cela : les heures de tranquillité

un après-midi par semaine à des ateliers qui donnent une chance aux élèves de faire grandir la confiance dans leur capacité créative. Le travail de Ken Robinson, auteur de *Creative Schools* (Penguin Books, 2016), a été pour nous une source d'inspiration.

qui tombent ainsi du ciel sont des cadeaux sans prix pour les parents…

On trouve toujours un enfant qui a envie de jouer !

Nous ne sommes pourtant pas toujours disponibles quand un enfant nous demande de jouer avec lui. Parfois heureux de nous joindre à lui, nous sommes le plus souvent susceptibles de réagir de l'une des manières suivantes :

– remettre cela à plus tard (« Oui, mais pas tout de suite ») ;
– accepter à contrecœur, car nous avons d'autres priorités, en cherchant la première occasion pour s'échapper, dès que les enfants sont immergés dans leur jeu ;
– se forcer à rester jouer, mais en laissant notre esprit filer vers nos problèmes du jour, avec notre téléphone à proximité.

En réalité, nous perdons de nombreuses occasions de jouer avec les enfants.

Il existe plusieurs conditions simples pour que notre flamme créative gagne en vigueur à leur contact, pour que le feu se propage d'une bûche à l'autre :

– prévoir dans notre agenda des temps dédiés au jeu ;
– repenser notre rôle dans ces moments, pour devenir avant tout compagnons de jeu ;
– accepter pleinement nos blocages, et parfois notre incapacité à jouer.

« SANCTUARISER » DES TEMPS DÉDIÉS AU JEU

En considérant nos vies occupées, d'une part, et les emplois du temps scolaires bien remplis, d'autre part, la probabilité est faible que nous soyons disponibles ou que nous ayons suffisamment d'énergie lorsque nos enfants nous sollicitent pour jouer.

Prévoir et « sanctuariser » dans notre agenda des temps pour jouer peut paraître artificiel, mais cela a le mérite de garantir que ces moments ne seront pas éternellement sacrifiés. Certes, les enfants n'ont pas toujours envie de jouer lorsque nous nous rendons disponibles, mais ils accueillent souvent notre proposition avec enthousiasme. Le retour de l'école, par exemple, peut devenir un moment précieux.

Il ne s'agit pas nécessairement de prendre beaucoup de temps. Dix ou quinze minutes, c'est court pour laisser notre force créative prendre tout son envol, mais déjà suffisant pour créer quelques étincelles et éprouver ensemble le plaisir de la connexion. La contrainte de la durée peut aussi stimuler notre créativité : quel jeu choisir ou inventer dans une fenêtre réduite de temps ?

Des jeux courts mais intenses en rires peuvent être inventés en se laissant porter par l'instant et en suivant les passions du moment de notre enfant.

Je me souviens par exemple de la naissance de ce qui est devenu un grand classique à la maison : la « machine infernale ». J'avais un jour eu l'intention de jouer avec eux un moment, sans idée précise. Mon fils était alors passionné par les machines de toutes sortes, et ce jeu est né en prenant ses mains dans les miennes.

La « machine infernale » se met en route quand mes enfants parviennent à connecter mes mains en reliant deux de mes doigts, à condition qu'ils soient de même rang (mes index ou mes majeurs). Se produisent alors des résultats imprévisibles pour eux, la machine pouvant par exemple :

- les chatouiller quand les deux index sont connectés ;
- mordiller leurs oreilles quand les deux majeurs sont connectés ;
- exploser ou postillonner quand il s'agit des deux annulaires.

S'ensuit dans tous les cas une course folle de mes enfants pour échapper à la machine, avant qu'ils ne reviennent aussitôt essayer d'autres connexions (les effets produits sont toujours différents !).

Je leur rends bien sûr la tâche difficile en résistant afin qu'ils ne parviennent pas tout de suite à relier deux doigts. Ils font alors appel à toutes leurs forces, impatients de découvrir l'effet que produira la machine, et en même temps un peu effrayés. Le jeu s'arrête généralement de lui-même au bout d'un quart d'heure, quand l'ensemble des combinaisons a été tenté, ou quand nous avons eu notre dose de rires.

Vous vous sentez peut-être incapable d'inventer des jeux. C'était mon cas avant de les voir émerger de façon spontanée en passant du temps à jouer avec mes enfants. Leur envie de jouer a stimulé ma créativité !

Vous pouvez aussi avoir recours à des jeux que vous n'avez pas inventés mais que vos enfants apprécient. Il existe par exemple un large choix de jeux de société. Toutefois, il me semble que la plupart d'entre eux ne favorisent pas la créativité : il s'agit avant tout de suivre des règles et, dans le meilleur des cas, d'élaborer des stratégies en prenant ces règles en compte. Heureusement, il existe des exceptions[1].

Quoi qu'il en soit, créativité ou pas, ces temps de jeu offrent toujours une connexion joyeuse avec les enfants.

En pratique :

Des moments précieux à protéger

Quels moments pourriez-vous préserver dans la semaine à venir pour jouer avec un enfant ? Essayez d'identifier deux ou trois temps d'au moins un quart d'heure dans votre emploi du temps, et prenez la décision de les protéger contre toute invasion.

Si vous n'avez pas d'enfants vous-mêmes, ou qu'ils ont perdu, avec l'âge, leur intérêt pour jouer, y a-t-il des enfants dans votre famille proche ou parmi vos amis que vous pouvez proposer de garder ? (Préparez-vous à faire des heureux parmi les parents !)

En dehors des temps que nous pouvons « sanctuariser » pour le jeu, les moments de crise sont aussi des occasions

1. Parmi les exceptions, il y a des jeux comme *Dixit* et *Time's up,* et surtout *Objets trouvés*, excellent pour la créativité, malheureusement épuisé mais parfois encore disponible d'occasion.

de faire appel à notre créativité et de nourrir notre flamme créative. Vous souvenez-vous de l'exemple du voleur de chocolat évoqué dans le chapitre 1 (p. 27) ?

Dans son livre *Qui veut jouer avec moi*, Lawrence Cohen donne aussi l'exemple de sa fille, qui, à l'âge de cinq ans, refusait de s'habiller alors qu'il devait partir travailler, et celui du fils d'un de ses amis, qui entrait en résistance afin de ne pas se faire couper les ongles. De grands classiques qui ont le potentiel de nous faire sortir de nos gonds, surtout quand nous sommes pressés !

Dans les deux cas, c'est l'invention d'un petit jeu qui a permis de sortir de l'impasse. Une telle approche prend parfois cinq à dix minutes de plus qu'une posture classique consistant à hausser le ton ou à utiliser la contrainte. Mais prenons-nous vraiment en compte le temps perdu quand l'enfant résiste, gigote, ou cherche à s'enfuir – sans parler de l'énergie gaspillée en irritation ? Et que sont cinq à dix minutes dans une journée quand il s'agit de créer une belle connexion avec son enfant, de transformer un conflit en moment de joie, et de stimuler au passage notre force créative ? Quelle satisfaction quand on y parvient !

Pour des enfants plus âgés, et notamment pour des adolescents, l'option du jeu paraît moins pertinente ou plus délicate, mais faire appel à notre créativité pour sortir d'une impasse est tout aussi nécessaire. Peut-être peut-on même dire que les adolescents sont des bûches aux flammes plus intenses, qui ont encore plus de potentiel pour réveiller en nous un feu créatif…

EN PRATIQUE :

Un moment de crise comme occasion de réveil créatif

Identifiez un épisode de tension qui se reproduit régulièrement en ce moment avec l'un de vos enfants.

Prenez quelques instants pour visualiser une issue différente : vous avez réussi à régler le problème et à passer un bon moment avec cet enfant. Imaginez-vous détendu·e, soulagé·e, et sentez l'enfant heureux d'être en lien avec vous.

Imaginez maintenant une forme de jeu qui vous aura permis de créer ce moment de connexion.

Ne vous jugez pas durement si vous sentez que votre créativité n'est pas (encore) suffisamment vive pour inventer un jeu adapté à la situation. Le seul fait de vous être posé la question favorisera l'émergence d'une réponse plus tard.

Vous pouvez en tout cas poser régulièrement l'intention de trouver cette issue différente à laquelle vous aspirez : cela revient à semer des graines dans votre conscience, qui finiront bien par pousser.

Qu'il s'agisse de moments préservés avec soin ou d'occasions imprévues (en cas de crise par exemple), stimuler notre créativité en jouant suppose de repenser notre rôle et de devenir des compagnons de jeu. C'est-à-dire de jouer *vraiment*, sans se cantonner à un rôle d'observateur. Au lieu d'être une contrainte, cela devient une envie !

SE TRANSFORMER EN « COMPAGNONS DE JEU »

Que nous soyons parents ou professionnels de l'éducation, nous conservons le rôle d'éducateur pendant le temps du jeu, en étant notamment garants du respect des règles et de l'intégrité physique de chaque enfant. Mais cela ne nous empêche pas de nous immerger dans l'expérience en devenant aussi des « compagnons de jeu ».

Il y a en effet plusieurs manières de jouer :

- Jouer sans être vraiment là, en passant un cube ou en lançant les dés d'un jeu de société tout en ruminant nos problèmes ou en envoyant des messages sur notre téléphone. C'est le service minimum : la présence du corps sans la présence de l'esprit.
- Choisir d'être vraiment présent, c'est-à-dire de ne pas laisser d'autres activités polluer notre participation. Nous sommes alors un partenaire de jeu, sur lequel l'enfant peut compter. Bien souvent, toutefois, nous ne jouons pas encore nous-mêmes : nous nous appliquons à jouer pour faire plaisir à l'enfant.
- Plonger véritablement dans le jeu, comme si nous étions nous-mêmes un enfant, comme s'il s'agissait de « notre » château de sable, ou de « notre » cabane et de « notre » envie de gagner. C'est alors que notre plaisir est le plus intense et que notre force créative a le plus de chances d'être stimulée.

Je me souviens d'avoir fait cette expérience lors d'une semaine de vacances organisée par une association et qui réunissait une trentaine de familles. Jouer pour soi-même était la consigne lancée aux participants adultes. Leur enfant était présent dans la pièce, remplie de matériaux de construction. En quelques minutes, la pièce s'est remplie d'une atmosphère joyeuse : chaque personne présente, enfant ou adulte, semblait immergée dans le jeu.

Les adultes, en jouant pour eux-mêmes, ne négligeaient-ils pas le lien avec les enfants ? Au contraire : sentir le plaisir du jeu chez les grands semblait stimuler les enfants dans leur envie de jouer. Après tout, ils étaient entourés de nombreux compagnons de jeu !

EN PRATIQUE :

Ce jeu si précieux de votre enfance

Identifiez un jeu que vous appréciez vous-mêmes, même si vous n'y avez pas joué depuis longtemps – des décennies probablement. Idéalement, retrouvez l'un des jeux favoris de votre enfance (faire une construction, une cabane, tel ou tel jeu de société, ou grimper à un arbre... tout est possible !).

Proposez ce jeu à un enfant ou à un groupe d'enfants. Alors que cela commence, prenez la décision de jouer vraiment, comme si vous étiez de nouveau l'enfant que vous avez été.

Sentez alors l'énergie du jeu qui monte en vous, cette énergie pétillante et joyeuse qui semblait enfouie dans le passé mais que vous portez toujours en vous.

Goûtez toute la saveur de cette énergie. Et si vous en profitiez plus souvent dans votre vie ?

S'il ne vous est pas facile de plonger ainsi dans le jeu, ne vous accablez pas de reproches. En multipliant les expériences, sans rien forcer, l'esprit du jeu finit par devenir de plus en plus naturel.

Une autre forme d'entraînement peut aussi vous aider : convoquer dans votre mémoire un moment de votre vie où vous vous êtes senti·e particulièrement créatif·ive.

Lors d'un des séminaires que j'ai animés, une personne qui ne se considérait pas comme créative a ainsi retrouvé une scène de son enfance dans laquelle elle inventait des activités pour ses frères et sœurs. Ses parents avaient annoncé qu'il n'y aurait pas de vacances d'été faute de moyens financiers. Du haut de ses dix ans, dans sa position d'aînée, elle avait pris la décision de créer malgré tout de belles vacances pour ses frères et sœurs en leur proposant d'inventer une série de journaux télévisés. Alors que cette femme me paraissait triste, son visage s'est transformé au souvenir de cette expérience ; je voyais désormais un grand sourire sur son visage, et un pétillement de joie dans son regard. Elle était parvenue à revivre l'énergie créative de son enfance.

Cette pratique ne sert pas uniquement à entrer dans l'énergie du jeu avec des enfants. De façon plus fondamentale, elle nous aide à reprendre contact avec notre force créative. Cette force semble éteinte pour beaucoup d'entre nous mais elle est seulement en sommeil. C'est un peu comme un volcan inactif que nous réveillons par petites touches, en y consacrant quelques minutes par jour.

En pratique :

Réveiller votre volcan créatif par petites touches[1]

Identifiez un épisode de votre vie, proche ou lointain, au cours duquel vous vous êtes senti·e vraiment créatif·ive. Si un tel événement ne vous vient pas immédiatement à l'esprit, prenez quelques minutes pour fouiller dans les tiroirs de votre mémoire. Une aide précieuse est d'utiliser le critère de la joie : nos moments créatifs sont souvent parmi les plus joyeux.

Une fois que vous avez identifié un épisode, prenez une posture stable, fermez les yeux... et plongez dans l'aventure ! Visualisez la scène avec le plus de détails possible, en regardant les couleurs, les objets et éventuellement les personnes qui étaient autour de vous lors de cet épisode.

Veillez bien à regarder la scène à travers vos propres yeux, c'est-à-dire sans vous voir dans l'image. Puis ajoutez d'autres détails : des sons, une musique, des odeurs qui étaient présents

1. Vous trouverez un enregistrement audio de cette pratique en accès gratuit sur www.sebastienhenry.fr/creativite/ressources-gratuites.

en ces instants, de sorte que vous reviviez la scène de façon très réaliste, comme si vous y étiez de nouveau.

Tournez maintenant votre attention à l'intérieur de vous : que s'est-il passé dans votre corps tandis que vous visualisiez cette scène ? Une partie de vous n'est-elle pas devenue plus vivante, plus vibrante ? N'y a-t-il pas une zone de votre corps dans laquelle une énergie semble active ou en mouvement ? Si cette énergie avait une forme, quelle serait-elle ? Si elle avait une couleur, quelle serait-elle ?

Vous venez de découvrir comment votre énergie créative se manifeste en vous. Vous pouvez maintenant la convoquer et la revivre chaque fois que vous le souhaitez, avant un travail créatif ou au moment de rejoindre des enfants pour un temps de jeu. Il suffit de visualiser cette scène (ou une autre) pendant une ou deux minutes.

Que faire si vous ne parvenez pas à identifier un seul moment de votre vie où vous vous êtes senti·e créatif·ive ?

Laissez la question en suspens quelques jours, puis reprenez-la avec patience. D'expérience, je sais qu'il est peu probable que vous ne trouviez rien. Je repense ainsi à un cadre dirigeant d'entreprise, ingénieur engagé dans l'industrie et attaché à la plus grande rationalité, qui, en revivant une expérience de bricolage dans sa jeunesse, a observé en lui le réveil de son énergie créative sous la forme d'un feu d'artifice au niveau de son front. La vie est pleine de surprises !

ACCUEILLIR NOS BLOCAGES

Jouer, jouer véritablement, n'est pas si facile pour un adulte. Pour beaucoup d'entre nous, ce sont des souvenirs lointains.

Je ressens beaucoup de gratitude envers un homme, Pascal Deru, pour m'avoir montré qu'il était possible de grandir dans l'art de jouer. Grand-père au regard d'enfant quand il se plonge lui-même dans le jeu, il a écrit plusieurs livres magnifiques après avoir animé pendant des années un magasin de jouets à Bruxelles[1].

Son travail est précieux à plusieurs égards. Il nous propose de nombreux jeux, adaptés à tous les goûts. Surtout, il nous invite à accueillir en nous les blocages sans nous juger.

Ranimer l'esprit du jeu et réveiller votre force créative vous paraît peut-être insurmontable dans votre quotidien. Il se peut que le jeu ne soit pas votre langage de prédilection – il serait plutôt une langue inconnue ou oubliée depuis longtemps.

C'est un chemin qui peut être long et qui mérite d'être abordé avec patience, en accueillant les embûches et les moments de découragement. Accepter les moments où nous sommes incapables de jouer permet de célébrer d'autant mieux les instants où l'esprit de jeu s'éveille en nous. Cela dure parfois quelques instants, fugaces comme des étincelles, mais quel bonheur !

---

1. Voir notamment *Merci le jeu ! Jouer ensemble, un chemin jusqu'à la joie* (L'Instant Présent, 2016) et *Le jeu vous va si bien* (Le Souffle d'Or, 2006). Pour faire le plein d'idées de jeux, voir aussi *64 jeux d'écoute, de confiance et de coopération* (Le Souffle d'Or, 2018).

La réaction des enfants chaque fois que nous parvenons à libérer avec eux l'énergie du jeu est un formidable encouragement. La joie semble alors partout présente : dans leur regard, en nous, et autour de nous, comme si elle emplissait la pièce.

POUR ALLER PLUS LOIN :
INVITATION À L'AVENTURE

À cette étape de votre vie, vous sentez peut-être en vous une aspiration à un réveil créatif, avec l'envie d'aller au bout d'un projet qui vous tient à cœur depuis un certain temps (écrire un livre, fonder une entreprise ou votre activité en autoentrepreneur, créer une association, monter un festival ou un spectacle, ou encore réinventer votre carrière ou transformer votre mode de vie).

Je serais alors heureux de vous accompagner pour une aventure individuelle et collective sur près de quatorze semaines à travers le programme « Sacrée potion créative », que j'ai conçu avec l'intention d'aider les participants à savourer leur force créative et aller au bout de leur projet. Je vous invite à consulter ce lien pour plus de détails : https://go.sebastienhenry.fr

(Vous trouverez aussi dans ce programme les vidéos de huit jeux créés avec mes enfants.)
Dans tous les cas, je vous souhaite de trouver les moyens de vivifier votre créativité auprès des enfants que vous accompagnez dans la vie.

Ce chapitre sur la créativité est le dernier du livre, car c'est à mes yeux le plus important.

La joie d'un réveil créatif se rapproche de celle d'une naissance.

C'est en fait une forme de renaissance[1] !

1. Si le cœur vous en dit, je vous invite à écouter la toute première chanson que j'ai enregistrée, qui évoque la sensation d'être redevenu bien plus vivant grâce aux expériences de jeu avec mes enfants. Cette chanson, appelée *Vivant !*, peut être écoutée ici www.sebastienhenry.fr/chansons. Je n'avais jamais imaginé dans ma vie écrire des chansons, et encore moins les chanter, mais l'énergie créative, une fois réveillée, ne se rendort pas si facilement !

CONCLUSION

À la recherche de notre juste place dans le monde

Grandir en humanité et honorer notre potentiel en tant qu'être humain, c'est le travail d'une vie. Pour les grandes figures du monde de la sagesse, qui voient en nous une essence sacrée, devenir un être humain accompli ou « éveillé » est même ce que nous avons de plus important à faire sur terre !

Dès que nous faisons le choix d'accueillir des enfants dans notre vie, nous acceptons une autre mission : les aider à grandir, à cheminer vers leur autonomie puis à prendre leur envol vers leur propre accomplissement.

En combinant ces deux missions – grandir nous-mêmes et aider nos enfants à grandir – dans notre vie, celle-ci est déjà riche de sens et bien occupée. Que pourrait-il y avoir de plus important à nos yeux ?

L'une des méditations que je pratique régulièrement consiste à imaginer mes dernières heures de vie. Privé peu à peu de ma force vitale tandis que la mort approche, j'aime visualiser mes enfants présents autour du lit dans lequel je suis allongé, et sentir en moi une paix profonde en savourant la force de notre lien. C'est une fin de vie heureuse, formidable même, car j'imagine avoir rempli ces deux missions de la plus haute importance.

M'offrir cette méditation, c'est chaque fois m'adresser une invitation à tout mettre en œuvre au quotidien pour progresser vers cet accomplissement dont je me sens encore loin.

Mais une question subsiste : ma vie sera-t-elle ainsi vraiment accomplie ? N'aurais-je pas tout de même négligé une dimension essentielle ?

Derrière mes enfants rassemblés autour de moi, j'entrevois dans cette scène imaginaire la présence de nombreux enfants qui ne sont pas « les miens » mais auraient tout autant besoin d'attention. La présence aussi de personnes qui souffrent d'être reléguées en marge de notre société. Je vois enfin notre planète dégradée par l'activité humaine. Il y a comme un appel à un engagement pour apporter ma contribution – même modeste – à la vie de ces personnes et à l'état du monde.

Quelle est finalement ma juste place ? Avant tout, auprès de mes enfants, attentif à leur croissance autant qu'à la mienne, ou bien au cœur de notre société, sans négliger mes enfants mais en orientant une partie de mes forces vitales vers les défis collectifs que nous rencontrons.

Et vous, quelle est *votre* juste place ?

C'est avec cette question que je vous propose de terminer ce livre.

Il appartient à chacun d'entre vous d'y répondre, tout en sachant qu'il n'y a pas de réponse définitive. Un travail d'écoute attentive est nécessaire pour repérer ce qui a besoin d'émerger en nous. Cela suppose de laisser du temps et de l'espace à cette question.

Personnellement, j'aime aller m'immerger dans la nature en emportant cette question avec moi, particulièrement au cours d'une nuit à la belle étoile. C'est chaque fois un moment sacré. En m'endormant sous le ciel, je propose à ma conscience de mettre cette question en haute priorité. Souvent, alors, montent des réponses dans le silence de la nuit ou dans la lumière du petit matin. Celles-ci ont une force d'évidence qui me donne du courage. C'est dans un tel moment que j'ai trouvé l'élan pour bâtir l'école La Forêt des Lucioles[1].

Nous pouvons aussi compter sur le soutien des enfants pour préciser quelle est notre juste place. En en parlant avec eux de façon ouverte. En écoutant leur avis. En les regardant agir.

Avoir fait partie d'un conseil municipal de jeunes quand j'avais onze ans a été une expérience inoubliable : elle m'a convaincu, pour toujours, que de nombreux enfants ont à

1. Cette école, conçue comme un engagement citoyen, est gérée en mode associatif avant l'intention de partager son expérience avec le plus grand nombre possible d'enseignants intéressés par la pédagogie par la nature. Par ailleurs, accueillir au moins 30 % de familles modestes grâce à un système de bourses est un objectif essentiel à nos yeux.

la fois des choses à dire sur notre futur commun et l'envie de s'engager.

Au cours des dernières années, j'ai mené plusieurs autres expériences pour enrichir mon regard à leurs côtés :

- l'organisation et l'animation de séminaires avec Cyril Dion, douze dirigeants d'entreprise et douze enfants, afin de se pencher ensemble sur nos engagements pour l'avenir de la planète (chaque dirigeant venait avec un enfant) ;
- la création de l'Edu-lab, mouvement dans lequel des adultes se mettent au service d'enfants pour les aider à concrétiser leurs projets écocitoyens et solidaires ;
- le Festival des jeunes en action « Moi aussi j'veux que ça bouge », prévu chaque année à Annecy depuis une première édition en 2021[1].

Il ne s'agit pas de charger les enfants d'une responsabilité qui n'est pas la leur (réparer un monde détraqué par les adultes), mais d'honorer leur envie d'apporter leur contribution, et de les aider ainsi à grandir comme des acteurs du changement, épanouis et créatifs.

J'ai remarqué par ailleurs à quel point leur courage et leur enthousiasme viennent en écho me stimuler, avec une question insistante : s'ils sont capables de ce courage et de

1. Ces deux dernières initiatives sont le fruit du formidable travail d'une équipe que je tiens à saluer : celle de l'association Grandir et Créer, que j'ai cofondée en 2017, mais qui vit et agit grâce à l'énergie d'un groupe de bénévoles, parents et professionnels de l'éducation (www.grandiretcreer.fr).

cet enthousiasme, de quel courage et de quel enthousiasme suis-je moi aussi capable ?

Grâce à eux, ma juste place pour les années à venir s'est peu à peu clarifiée.

Cela consiste à me tenir à leurs côtés, précisément, en soutien de leur envie de s'impliquer pour le futur de notre monde – qui sera bientôt le leur, et celui de leurs enfants. Et aussi à relever mes propres manches pour engager des initiatives qui me paraissent nécessaires mais qui requièrent une masse de travail parfois décourageante. C'est le cas par exemple de la création d'un collège qui mettra au cœur de son projet pédagogique le lien à la nature, la créativité et la coopération, dans le prolongement de l'école déjà créée. Quand je contemple le travail que cette école a demandé, et demande encore, je suis parfois pris de vertiges devant celui qui m'attend ! C'est alors l'engagement des enfants autour de moi qui me donne du courage.

Et vous, comment pourriez-vous compter sur vos enfants ou sur les enfants autour de vous pour clarifier votre juste place et vous donner du courage ?

Envie de soutenir l'une de ces associations ?

Grandir et Créer et l'école La Forêt des Lucioles sont deux initiatives associatives à but non lucratif qui font l'objet d'un engagement bénévole de ma part et de toute une équipe. Votre soutien, quel que soit le montant de votre don, sera très précieux et fera chaud au cœur. Un grand merci par avance !

Grandir et Créer : pour offrir la chance à de plus en plus d'enfants et de jeunes d'exercer leur citoyenneté et de déployer – au sein de l'Edu-lab et du festival Moi aussi, j'veux que ça bouge – leur envie d'engagement dans des projets écologiques et/ou solidaires. (Vous trouverez aussi dans ce programme les vidéos de huit jeux créés avec mes enfants.)

http://www.grandiretcreer.fr/nos-actions/edu-lab/

http://festivaldesjeunesenaction.fr

Lien pour nous soutenir : https://www.helloasso.com/associations/grandir-et-creer

La Forêt des Lucioles : pour aider à financer des bourses pour les familles les plus modestes, auxquelles nous réservons au moins 30 % des places, ainsi que l'étude d'évaluation des effets du contact avec la nature sur les apprentissages, menée par des équipes universitaires de Lyon et Bordeaux.

Cette évaluation sera cruciale pour que notre rêve se réalise : que les enfants de toutes les écoles aient eux aussi la chance, au moins une fois par mois, de pouvoir apprendre et s'épanouir au cœur de la nature.

www.foretdeslucioles.fr

Lien pour nous soutenir : https://educationsplurielles.fr/dons-en-ligne/

(Après avoir indiqué le montant du don, bien choisir l'affectation à la Caisse de solidarité de La Forêt des Lucioles.)

Pour des dons d'entreprise, ou si vous avez une question, n'hésitez pas à me contacter directement : shenry@sebastienhenry.com

Un grand merci à nouveau pour votre soutien !

ANNEXE

20 livres qui m'ont aidé à grandir au contact de mes enfants[1]

Je suis heureux de partager avec vous des livres qui ont été des ressources précieuses dans mon long apprentissage du rôle de parent. Certains sont des compagnons de chemin que je consulte encore régulièrement, car mon apprentissage est loin d'être terminé !

Il y a des livres qui aident à grandir, même si ce n'est pas aussi spectaculaire que le contact direct avec les enfants…

Vous remarquerez que beaucoup parmi les livres que je conseille ici ont une approche peu conventionnelle. Éduqué dans un cadre classique, j'apprécie particulièrement la fécondité qui résulte de la rencontre avec des idées différentes des miennes.

Bonne découverte !

1. *Nota bene* : l'ordre de présentation choisi n'est pas l'ordre alphabétique, mais celui qui me paraissait le plus harmonieux !

Qui veut jouer avec moi ? Jouer pour mieux communiquer avec nos enfants, de Lawrence Cohen (JC Lattès, 2013)

Ce psychologue américain a développé une approche donnant une place centrale au jeu et à la créativité, dans son métier comme dans son rôle de parent. C'est un livre parfois déconcertant tant il s'éloigne d'une posture éducative traditionnelle, mais il est heureusement illustré de nombreux exemples qui donnent envie d'expérimenter aussitôt afin de juger par soi-même. C'est l'un des livres de cette liste que j'ai le plus lus et annotés, car chacune des expérimentations qu'il m'a encouragé à faire s'est révélée fertile !

Merci le jeu ! Jouer ensemble, un chemin jusqu'à la joie, de Pascal Deru (L'Instant Présent, 2016)

L'auteur, grand-père au regard d'enfant lorsqu'il se met à jouer, nous propose, sans rien forcer, de poser un nouveau regard sur les croyances qui nous empêchent de plonger dans le jeu. Grâce à son expérience d'animateur de formations pour adultes sur l'art de jouer, il connaît nos réticences et nos blocages et sait nous inviter à les dépasser. Pour lui, il est évident que nous pouvons grandir dans l'art de jouer, et créer plus de moments de connexion par le jeu, avec les enfants comme avec les adultes. Ce livre comprend de nombreux exemples de jeux. Un autre livre de Pascal Deru élargit encore les choix possibles : *64 jeux d'écoute, de confiance et de coopération* (Le Souffle d'Or, 2018).

Comment aimer un enfant, de Janusz Korczak (Robert Laffont, 2006)

Janusz Korczak est un pédagogue polonais qui n'a pas eu d'enfant, mais plutôt des centaines ! Médecin engagé, entre les deux guerres mondiales, dans la création de plusieurs orphelinats en

Pologne, il savait, sans l'expérience de la parentalité, se mettre à la place des enfants et porter son regard à leur niveau. Près de quatre-vingts ans après sa mort au camp d'extermination de Treblinka, ses livres restent à mes yeux des monuments en raison de son respect profond pour les enfants et de son invitation à déployer notre curiosité pour comprendre leur vie intérieure. Korczak est l'auteur de plusieurs autres livres, dont *Quand je redeviendrai petit* (Fabert, 2013), dans lequel il imagine la vie quotidienne avec le regard d'un enfant.

À la recherche du Soi, d'Arnaud Desjardins (Pocket, 2011)

Arnaud Desjardins, décédé en 2011, a été reconnu par beaucoup comme un maître de sagesse dans le monde francophone, avec la particularité d'avoir connu l'expérience de la parentalité. À plusieurs reprises dans cet ouvrage, il évoque les contradictions et les difficultés vécues dans son rôle de père. En même temps que la lucidité sur nos parts respectives d'ombre et de lumière, il propose de cultiver l'acceptation de soi, afin de se donner une chance de ressentir une « paix des profondeurs » toujours présente. Un livre en quatre volumes à vivre comme une aventure intérieure.

Laissez-les grimper aux arbres, de Louis Espinassous (Les Presses d'Île-de-France, 2015)

Louis Espinassous est l'une des principales références sur le sujet de l'éducation par la nature en France. Il a formé depuis des décennies de nombreux animateurs et éducateurs. Son livre est un plaidoyer pour l'éducation par la nature, dont la part dans le temps scolaire a été réduite au fil des ans en raison de normes de plus en plus contraignantes. Il nous amène aussi en tant que lecteurs à nous interroger sur la place que nous laissons à la connexion à la nature dans notre vie. Ce livre a contribué à me convaincre de passer plus de temps dans la nature, avec ou sans mes enfants (et à faire de nouveau la belle expérience de grimper aux arbres !).

Il n'y a pas de parent parfait, d'Isabelle Filliozat (JC Lattès, 2008)

L'approche d'Isabelle Filliozat, psychologue clinicienne et psychothérapeute, permet de mieux comprendre les émotions de l'enfant, mais aussi les nôtres en tant que parent ou professionnel de l'éducation. Elle nous invite en particulier à saisir comment la façon dont nous éduquons est le résultat de notre histoire personnelle. Un livre à forte dimension pratique, écrit avec l'intention d'aider les parents à s'accepter sans se juger durement. Isabelle Filliozat est aussi l'auteure de plusieurs autres livres, dont *Au cœur des émotions de l'enfant* (Marabout, 2019).

De l'éducation, de Jiddu Krishnamurti (Albin Michel, 2012)

Krishnamurti (1895-1986) est un maître de sagesse qui a joui d'une grande popularité en Europe comme aux États-Unis. De culture indienne, il est entré très jeune en contact avec des Occidentaux en quête de sens, et a décidé de donner à ses enseignements une dimension universelle, au-delà de telle ou telle tradition. C'est un livre court mais qui vient décaper nos certitudes quant à la finalité de l'éducation et au rôle de parent ou d'éducateur.

Une éducation qui commence avant la naissance, de Mikhaël Aïvanhov (Prosveta, 2000)

Ce livre étonnant a été écrit par Mikhaël Aïvanhov, auteur bulgare arrivé en France peu avant la Seconde Guerre mondiale, reconnu par certains au fil des années comme un véritable maître de sagesse et contesté par d'autres. Ses nombreux ouvrages, en tout cas, fourmillent d'idées, souvent inhabituelles mais toujours stimulantes. En matière d'éducation, l'une de ses convictions profondes était qu'il fallait avant tout s'occuper d'accompagner les parents dans leur évolution spirituelle plutôt que de leur apporter des conseils éducatifs. Ce livre est à aborder comme une rencontre avec un ami un peu excentrique mais chaleureux.

Aimer… malgré tout, de Jean-Yves Leloup (Dervy, 1999)

Le thème de ce livre n'est pas l'éducation, mais le développement de notre capacité à aimer. Il donne une bonne vue d'ensemble des enseignements sur l'amour de Jean-Yves Leloup, auteur de plus de soixante-dix livres et, à mes yeux, l'une des plus grandes figures contemporaines du monde de la sagesse. En tant que père de deux enfants, il a lui-même l'expérience du rôle de parent, ce qui rend ses écrits proches de la réalité de chacun d'entre nous. Pour en savoir plus sur son approche de la parentalité, voir le chapitre sur ce thème dans le livre que j'ai consacré à son travail : *Fortifier nos racines, déployer nos ailes. Cheminer avec Jean-Yves Leloup* (Presses du Châtelet, 2021).

Le Tao Te King des parents. Sagesse ancienne pour parents d'aujourd'hui, de William Martin (Synchronique, 2019)

Ce livre a été écrit par un auteur qui considère que le *Tao Te King* (ou *Dao De Jing*), texte fondamental du taoïsme et plus généralement de la culture chinoise, est aussi une source d'inspiration pour les parents et les éducateurs. Il a repris le même format que le texte d'origine, composé de 81 chapitres courts écrits dans un style poétique, en l'adaptant pour les parents.

Une approche stimulante dans la mesure où la philosophie du « non-agir » (wuwei ou 无为), au cœur du taoïsme, n'est pas précisément celle qui est conseillée aux parents en Occident ! Pour tirer toute la richesse de ce livre, je recommande la lecture en parallèle du texte d'origine, en particulier dans la traduction de François Houang : *Lao-tzeu. La Voie et sa vertu* (Seuil, 2004).

Libres enfants de Summerhill, d'Alexander Neill (La Découverte, 2004)

Ce livre a la double caractéristique d'être un classique du XXe siècle en matière d'éducation, et d'avoir suscité beaucoup de controverses. L'auteur, fondateur de l'école Summerhill, au Royaume-Uni, en 1921, plaçait la liberté au cœur de son projet pédagogique, en particulier la liberté pour l'enfant d'apprendre ou non (et à son rythme). Une conviction pédagogique qui a beaucoup heurté et qui continue de bousculer de nombreux parents et professionnels de l'éducation alors qu'elle prend une nouvelle jeunesse au début du XXIe siècle avec la création des « écoles démocratiques ». Quelle que soit notre position personnelle sur le sujet, la lecture de ce livre est vivifiante, car ce n'est pas un recueil de théories mais une réflexion sur quarante ans d'expérience de terrain, auprès de centaines d'enfants.

L'École de la liberté, de Daniel Greenberg (Mama Éditions, 2017)

Daniel Greenberg est l'un des fondateurs de l'école Sudbury Valley School, aux États-Unis (Massachusetts). Celle-ci, tout comme l'école Summerhill fondée par Alexander Neill, montre qu'il existe un autre chemin possible pour l'école en mettant la liberté au cœur de la pédagogie (aucun cours n'est obligatoire). Un fonctionnement qui vient bousculer nos croyances si nous avons été éduqués dans une approche traditionnelle. Ce livre, écrit de façon très pragmatique, invite à élargir nos vues sur les problèmes éducatifs que nous rencontrons, et sur notre juste posture d'adulte.

Les Dits de Mathieu, de Célestin Freinet (Delachaux et Niestlé, 1978)

Plus de cinquante ans après sa mort, en 1966, Freinet fait toujours figure de pionnier dans le monde de l'éducation. Il fut notamment l'un des grands avocats des pédagogies dites « actives ». Sérieusement blessé lors des combats de la guerre de 14, il a trouvé la force de voir dans son infirmité l'occasion de réinventer la pédagogie en comptant sur la soif d'action et la capacité de coopération des enfants. Plusieurs de ses ouvrages sont assez denses mais il a su donner aux *Dits de Mathieu* une fraîcheur exceptionnelle, en s'appuyant notamment sur la finesse de son regard d'enfant ayant grandi à la campagne. Un livre fort, accessible à tous, et qui peut se déguster par petites sections (épuisé, il ne se trouve malheureusement plus que d'occasion).

L'enfant est l'avenir de l'homme. La formation de Londres, 1946, de Maria Montessori (Desclée de Brouwer, 2017)

Il s'agit de la transcription d'une formation donnée à la fin de sa vie par Maria Montessori, première femme devenue médecin en Italie et fondatrice de la pédagogie qui porte son nom. C'est un magnifique résumé de son œuvre pédagogique, empli de la sérénité d'un testament écrit avec le sentiment du devoir accompli. On y trouve un exposé clair de la posture qu'elle recommandait au contact des enfants. Celle-ci, consistant à se mettre à juste distance pour les laisser aller au bout de leurs explorations, était révolutionnaire il y a un siècle. Elle demande toujours aujourd'hui une grande vigilance tant est forte l'envie d'intervenir fréquemment !

Apprends-moi à faire seul, de Charlotte Poussin (Eyrolles, 2016)

Maria Montessori s'adressait d'ordinaire plutôt aux enseignants, et ce livre est à mes yeux le plus clair pour comprendre ce que sa pensée peut apporter aux parents. Le nom de Montessori est aujourd'hui surtout associé au matériel qu'elle a imaginé pour les apprentissages, mais la posture de l'adulte qui accompagne un enfant est tout aussi importante à ses yeux. Cet ouvrage présente cette dimension de façon convaincante – et a en plus le mérite de se lire facilement.

L'Art d'être parent en Occident, d'Ekram et Mohamed Rida Beshir (Al Qalam, 2009)

Un ouvrage écrit par et pour des parents musulmans élevant leurs enfants en Occident, qui présente aussi une richesse pour les lecteurs non musulmans. Grâce à la posture modérée et réfléchie des auteurs, il amène à observer le degré auquel nous incarnons nos valeurs et nos convictions profondes au contact de nos enfants. Être de culture minoritaire dans la société encourage en effet à cultiver ses valeurs avec attention au sein de la cellule familiale afin qu'elles ne soient pas diluées dans un espace bien plus large.

L'Éducation selon la tradition de l'Inde, de Satya Narayan Das (À ciel ouvert, 2016)

Pour l'auteur, l'éducation doit avant tout proposer un cheminement vers la sagesse. Un livre qui vient stimuler notre réflexion sur notre approche de l'éducation, focalisée en Occident sur l'acquisition de connaissances et souvent déconnectée des grandes traditions spirituelles. Surtout, il invite à se questionner sur la place que nous laissons à notre propre cheminement vers la sagesse dans notre expérience d'éducateur. Dans la tradition de l'Inde, en effet, celle-ci ne se transmet que par des personnes qui l'ont elles-mêmes cultivée !

Vers une éducation au service de la vie, de Marshall Rosenberg (Le Livre de poche, 2021)

Il s'agit du principal livre portant sur l'éducation de Marshall Rosenberg, fondateur de la Communication Non Violente (CNV). Cette approche de la communication s'est largement diffusée dans le monde en raison de sa profondeur et de son efficacité à enrichir les relations. L'auteur donne ici toutes les bases nécessaires de la CNV et propose, grâce à de nombreux exemples, de les appliquer dans les relations avec nos enfants ou, dans le cas des enseignants, avec les enfants dont ils ont la responsabilité. Pour une approche plus succincte mais tout de même pertinente de la CNV appliquée à l'éducation, voir un autre livre de Rosenberg : *Élever nos enfants avec bienveillance* (Jouvence, 2007).

Pour terminer, voici deux livres qui n'ont malheureusement pas été traduits en français mais que je tiens à vous présenter car je les trouve formidables :

The Courage to Teach, de Parker Palmer (Jossey-Bass, 2017)

Fondateur du Center for Courage and Renewal et éducateur de renom aux États-Unis, Parker Palmer a eu un rôle très important dans ma réflexion. Destiné avant tout aux enseignants, le contenu de ce livre est à mon avis tout aussi précieux pour les parents. En particulier l'invitation adressée à cultiver la lucidité sur ce que nous incarnons en tant qu'adulte et le courage de faire face à nos incohérences quand nous les repérons. Palmer appelle à une transformation intérieure enthousiasmante, nécessaire pour assurer au mieux notre rôle d'éducateur.

The Spiritual Life of Children, de Robert Coles (Mariner Books, 1991)

Cet ouvrage est le fruit de l'exploration attentive de la vie intérieure des enfants que Robert Coles a accompagnés pendant des décennies. Dans l'introduction, ce psychologue américain témoigne que sa posture a radicalement changé au cours des années. Alors qu'il s'imaginait, au début de sa carrière, retrouver dans la spiritualité des enfants une réplique des croyances de leurs parents, il a découvert à de nombreuses reprises l'originalité et la profondeur du regard de ceux-ci sur la vie. Un bel exemple de curiosité et d'honnêteté intellectuelle. Dommage que ce livre ne soit pas traduit en français.

REMERCIEMENTS

Au moment où se termine l'écriture de ce livre, je tiens à remercier :

- Les enfants qui m'ont aidé à grandir : Alma et Gaspard, mes quatorze nièces et neveux, les enfants de La Forêt des Lucioles, ainsi que ceux qui ont participé aux ateliers en forêt que j'ai animés pendant plusieurs années, ceux qui se sont engagés dans l'Edu-lab de Grandir et Créer, et ceux dont j'ai eu la chance de croiser le chemin par ailleurs.
- Anne-Claire, mon épouse, qui, dans son rapport avec nos enfants, m'a souvent montré de nouveaux chemins.
- L'équipe pédagogique de l'école La Forêt des Lucioles, et en particulier Synthia, qui a relu attentivement l'ensemble du manuscrit.
- Tous les parents qui se sont engagés au fil des années dans les groupes de parole que j'ai animés. J'ai beaucoup appris d'eux dans leur propre manière de grandir auprès de leurs enfants.

- Anne Ducrocq, qui m'a aidé à affiner le premier manuscrit.
- Jean-Yves Leloup, avec qui j'ai eu des conversations éclairantes sur la paternité.
- Roxane Criznic, pour son œil si vigilant lors de la relecture.
- Toute l'équipe des éditions La Martinière, et en particulier Jeanne Castoriano, Marine Laurençot et Laure Aline, avec qui nous avons préparé ce livre.

Département éditorial Art de vie

Directrice éditoriale : Laure Aline

Éditrice : Jeanne Castoriano

Assistante éditoriale : Marine Laurençot

Fabrication : Annie-Laurie Clément

Couverture et illustrations : Hubert Van Rie

Composition et mise en pages :
Nord Compo, à Villeneuve-d'Ascq

Achevé d'imprimer en février 2022
Sur les presses de Normandie Roto Impression s.a.s à Lonrai
N° d'imprimeur : 2107323
Dépôt légal : mars 2022
Imprimé en France